版权声明

First published by Teachers College Press, Teachers College, Columbia University, New York, New York USA.

Copyright © 2018 by Teachers College, Columbia University.

Figures 2.6, 2.9, 6.1, 6.2, 6.3, 6.4, 6.5, 6.6, 6.7, 9.1, 9.2, 11.1, 11.2, 11.3, 11.4, 11.5, 15.1, 16.1, and 16.2 photographed by Meryl Feigenberg. Figures 7.2 , 8.1, 8.2, and 8.3 photographed by Emma Markarian. Used with permission.

Chapter 15 contains a poem excerpted from the book *Children Learn What They Live*, by Dorothy Law Nolte and Rachel Harris. Copyright © 1998 by Dorothy Law Nolte and Rachel Harris. The poem "Children Learn What They Live" copyright © 1972 by Dorothy Law Nolte. Used by permission of Workman Publishing Co., Inc., New York. All rights reserved.

Chapter 18 contains an excerpt rom a homily written by Bishop Ken Untener in 1979. Used by permission of Little Books of the Diocese of Saginaw, Saginaw, MI.

All rights reserved. No part of this publication may be reproduced or transmitted in any form or by any means, electronic or mechanical, including photocopy, or any information storage and retrieval system, without permission from the publisher.

High-Quality EARLY LEARNING for a Changing World
What Educators Need to Know and Do

让幼儿都爱学习

幼儿园高质量学习活动设计与组织

〔美〕Beverly Falk 著

胥兴春 姜晓 译

中国轻工业出版社

图书在版编目(CIP)数据

让幼儿都爱学习：幼儿园高质量学习活动设计与组织／(美)贝弗莉·福尔克(Beverly Falk)著；胥兴春，姜晓译. —北京：中国轻工业出版社，2022.3
ISBN 978-7-5184-3725-2

Ⅰ.①让… Ⅱ.①贝… ②胥… ③姜… Ⅲ.①学前教育-教学参考资料 Ⅳ.①G613

中国版本图书馆CIP数据核字（2021）第225399号

保留所有权利。非经中国轻工业出版社"万千教育"书面授权，任何人不得以任何方式（包括但不限于电子、机械、手工或其他尚未被发明或应用的技术手段）复印、拍照、扫描、录音、朗读、存储、发表本书中任何部分或本书全部内容。中国轻工业出版社"万千教育"未授权任何机构提供源自本书内容的电子文件阅览、收听或下载服务。如有此类非法行为，查实必究。

总策划：石 铁
策划编辑：吴 红　　　　　责任终审：张乃柬　　　责任校对：万 众
责任编辑：牟 聪　李芳芳　　责任监印：刘志颖

出版发行：中国轻工业出版社（北京东长安街6号，邮编：100740）
印　　刷：三河市鑫金马印装有限公司
经　　销：各地新华书店
版　　次：2022年3月第1版第1次印刷
开　　本：710×1000　1/16　印张：13.5
字　　数：120千字
书　　号：ISBN 978-7-5184-3725-2　定价：52.00元

读者热线：010-65181109，65262933
发行电话：010-85119832　传真：010-85113293
网　　址：http://www.chlip.com.cn　http://www.wqedu.com
电子信箱：1012305542@qq.com
如发现图书残缺请拨打读者热线联系调换
211215Y1X101ZYW

谨以此书献给所有为幼儿终身学习奠定基础的幼儿照料者和幼儿教师，她们勇敢地担负起至关重要但经常被低估的工作。

关于作者

贝弗莉·福尔克（Beverly Falk）是美国纽约城市学院教育学院教授，儿童早期教育研究生项目主任。她曾在学校和地区、州及国家级机构担任过多种教育角色：课堂教师、幼儿中心主任、公立学校创始人和校长、地区行政人员、研究人员和顾问。她专注于儿童早期教育、教师研究、教师教育和绩效评估。在她的职业生涯中，她的工作重点是为理解儿童如何学习提供支持，以确保年幼的弱势公民，特别是那些来自多样化、历史上服务水平低下的城市社区公民有机会获得高质量的学习机会。为此，她创建了"高质量早期学习项目"（High Quality Early Learning Project）——一个基于网络的分享高质量幼儿教学实践视频的资源平台。

福尔克博士是《新教育家》（The New Educator）的创始编辑和多本出版物的作者。《新教育家》是一本为教育工作者准备并实行同行评审的季刊。她的著作有《保卫童年——信守早期教育的承诺》（Defending Childhood Keeping the Promise of Early Education，2012），与梅根·布鲁门雷希合著的《教学问题——城市学校内部的故事》（Teaching Matters：Stories from Inside City Schools，2012），《儿童学习方式的教学》（Teaching the Way Children Learn，2008），与梅根·布鲁门雷希合著的《问题的力量——教师与学生的研究指南》（The Power of Questions：A Guide to Teacher and Student Research，2005），与琳达·达林哈蒙德、杰奎琳·安塞斯合著的《问题的核心——使用标准和评估来学习》（The Heart of the Matters Using Standards and Assessments to Learn，2000），以及《行动中的真实评估》（Authentic Assessment in Action，1997）。

译者序

为幼儿提供高质量的早期学习经验

当今社会正经历着知识的爆炸性增长、人工智能广泛应用于社会各领域、终身教育成为现实、社会情感学习备受重视、婴幼儿保育需求日益迫切等变革。这些变革既对个体的学习与发展质量提出了新的要求，也对早期教育提出了新的要求。作为终身教育的开端，学前教育（早期教育）质量在很大程度上影响着个体未来的发展。截至2020年底，我国学前教育的毛入园率已经超过85%，实现了普及普惠发展，初步建成了学前教育公共服务体系。在"十四五"期间，国家将进一步加强普惠性幼儿园的建设，提升科学保教与幼儿园的质量，以推动学前教育从普及普惠向安全优质发展。"优质"已经成为我国学前教育当前与可预见的未来发展的关键词。

为未知而教，为未来而学。幼儿园教育"小学化"是当前我国学前教育低质的主要表征，而其核心就是幼儿园的保教工作缺乏规范性和科学性。很多知识在幼儿日后的生活中并没有什么用，既无法发挥其生活价值，更无法激发幼儿的学习兴趣与动机。学前教育并不是简单地教给幼儿应对当下的生活与社会的知识和技能，而是以一种更具未来智慧的视角，培养幼儿的好奇心、启发智慧、增进自主性和责任感，引导他们积极、广泛地追寻有意义的学习。幼儿教师需要以新的视角来看待幼儿教育，在教育中关注已知，更要关注未知；幼儿教育需要培养具备批判性思维、能发现问题并创造性地解决问题的幼儿，以适应快速发展且变化着的条件和环境。

帮助所有幼儿获得高质量的早期学习经验应成为每个幼儿教师的工作目标。而这一目标的实现，需要幼儿教师科学地认识、理解和指导高质量的早期学习。但高质量的早期学习是什么呢？幼儿教师应该从哪些方面理解和掌握早期学习的内容呢？又有哪些支持幼儿获得高质量早期学习经验的策略呢？

当幼儿教师带着通过职前教育所获得的知识与技能来到幼儿园时，她们发现自己并不能很好地应对和解决在幼儿教育实践中所遇到的问题，因为在职前教育阶段她们所获得的仅仅是关于幼儿学习与发展的一般理论知识，是停留在书本上的幼儿与幼儿学习的相关知识。当进入幼儿园实践场域时，幼儿教师发现儿童的学习内涵与样态是如此的丰富，她们需要具备更丰富的理论知识和实践智慧才能真正理解和有效支持幼儿的高质量学习。此外，幼儿园繁杂的日常工作让教师无法抽出身来研究儿童和儿童的学习，理论与实践之间的鸿沟让她们难以适应，更无法实施高质量的早期教育。

美国纽约城市学院的贝弗莉·福尔克教授的《让幼儿都爱学习——幼儿园高质量学习活动设计与组织》一书回答了幼儿教师的上述困惑与问题。福尔克教授基于自己作为幼儿教师、学校校长、行政管理者、研究者等的教育角色与经历，以及她对儿童如何学习的理解和实践，通过兼具理论知识与实践智慧的教育实践，为幼儿教师打开了通往高质量专业实践世界的一扇窗。在书中，福尔克通过五名具有丰富教学实践经验且对幼儿学习与发展有着深刻理解的幼儿教师的案例，为幼儿教师们巧妙地弥合了学校理论教育与幼儿教育实践之间的鸿沟。

本书内容分为三个部分：指导教学的基础知识，学习、课程与评估，支持儿童学习的策略。福尔克在书中为幼儿教师呈现了一系列来自实践的真实而非假设的案例。更为重要的是，这些案例都建立在儿童早期发展科学基础之上，充分体现了儿童学习与发展的基本理论，也反映了当前世界学前教育发展的基本趋势。福尔克不仅为教师提供了指导幼儿开展高质量早期学习的直观活动样例，更是明确地阐释了这些活动设计与实施的依据。我们相信，通过本书的学习，幼儿教师在了解幼儿如何学习及如何支持幼儿学习、指导幼儿进行高质量学习的过程中，她们自己也能逐渐成长为专业的幼儿教育工作者。

本书由西南大学胥兴春和姜晓翻译，全书由胥兴春负责统校。"万千教育"的吴红先生在图书翻译、出版过程中进行了大量联络及统筹的工作，在此一并表示感谢！

胥兴春

2021年9月于西南大学

原著推荐序

为幼儿提供高质量的早期学习经验是每个幼儿教师的目标。然而，人们对于高质量的实践及学习环境实际上应该如何的界定并不总是很清楚。我们的话语经常会显示出"见到就明白"的态度。然而，如果我们的工作是力图减少或消除机会/成就的差距，并确保为所有幼儿充分发挥潜力奠定坚实基础，那么高质量就不仅仅是一个理论概念。在书中，福尔克教授为我们打开了通往高质量专业实践世界的一扇窗。它是我们梦寐以求的，而且是由真正的教师在现实世界环境中实践过的。

我们往往出于善意，试图减少民族、种族、语言和社会经济在教育成就方面的影响，却过度依赖考试分数、加速学习的策略、以教师为中心的课程以及臭名昭著的题海战术等。然而，福尔克认为，那些最有可能面临学业困难的儿童应当获得与资源更丰富的同龄人相同类型的有探索性、探究性和主动性的学习经历。尊重儿童的家庭和社区，尊重儿童的经验和兴趣，是与儿童同行的教学实践的核心——指导和支持儿童获得早期学习经验，用儿童发展基金会的话来说，即：

- 确认个人、家庭和社区的资源；
- 加强他们对经济不稳定和社会排斥带来的有害后果的防范；
- 增强他们的发展潜力。

福尔克将她的教育学观点建立在早期发展科学之上，为我们提供了个人窗口，使我们可以近距离地了解学前班至二年级的五位杰出教师的教学实践。福尔克并未依赖那些代表优秀的幼儿教育理论的良好实践的假设性例子，而是让读者深入了解现实生活中成功的幼儿教师的理论与实践样例。幼儿教育与"学校"之间的鸿沟被巧妙地弥合，因为这五位专业人士都将自己视为行动中的一员，她们每个人都表现出了对儿童如何学习和促进其最佳发展的实践的深刻理解。

本书内容分为三个部分：①指导教学的基础知识；②学习、课程与评估；③支持儿童学习的策略。当读者在获得高质量幼儿教育的多方面指导时，会发现理论与实践交织在一起。福尔克不仅提供了一系列活动，还为教师的行动、教室布置、材料及活动等提供了明确的依据。例如：在教室里放置很多物品并不只是我们投放材料的目标；材料投放应该是有目的的，能够激发不同发展水平的幼儿进行探究和探索。没有无目的性的活动空间。教师应有意识地设置活动类型，知道如何以可预测的方式为幼儿提供活动并执行相应的策略，以确保每天的常规活动与过渡环节在良好的管理下顺利进行。

在高质量的环境中，早期学习标准与发展适宜性实践并不是相互排斥的。福尔克将标准置于一个有利于儿童学习和适合个体发展水平的探究式环境中。在这样的环境中，教师也不会害怕评估。相反，这些专业人员明白，收集有关幼儿学习和发展的信息至关重要。他们对幼儿如何理解世界充满好奇，努力提高自己的观察和记录能力，以便做出更明智的教学决定。

福尔克教授还敏锐地意识到，作为教师的教育伙伴，幼儿的家长扮演着至关重要的角色。与幼儿的父母建立联系，真正了解幼儿生活的文化背景和家庭环境，也是构建幼儿高质量学习经验的一部分。

阅读关于高质量早期学习环境的描述是一种乐趣，本书描述了我们希望每个孩子都能遇到的教室和教师。然而，我们必须承认，创设和管理这些令人愉悦的环境是熟练的专业人员的工作，他们需不断努力提高自己的专业水平。他们了解人类个体的发展过程（特别是早期阶段）。他们将这些知识与幼儿的家庭进行艺术性结合，创造充满尊重、好奇和自信的学习者共同体。这是一份需要熟练掌握技能和持续专业学习的工作，教师不会止步于获得文学副学士学位、文学学士学位或文学硕士学位。

福尔克教授为我们提供的不仅仅是一本构建高质量早期学习环境的指南。

这本书描述了成为一名专业的幼儿教育工作者，与儿童、家庭和其他专业同事建立有意义关系的含义。正是这些关系为塑造一代又一代有生产力和有见识的公民提供了社会、情感和认知基础。没有比这更重要的工作了。

杰奎琳·琼斯（Jacqueline Jones）
儿童发展基金会主席兼首席执行官

致　谢

如同生命中所有的里程碑一样，如果没有众多的资助者、合作者、同事和思想伙伴、朋友和亲人的支持及影响，这个项目是不可能完成的。

感谢儿童发展基金会，特别是基金会主席杰奎琳·琼斯和项目官员萨拉·维奇奥蒂（Sara Vecchiotti）为"高质量早期学习项目"提供资金，使本书中的教师案例研究成为可能。

我也非常感谢我的合作者兼本项目的摄像师梅丽尔·费根伯格（Meryl Feigenberg），她在为作品集制作视频时的艺术技巧完美地突出了回应式的、以儿童为中心的教学细节，并为本书的编著提供了深刻的见解。

此外，我非常感谢能够有机会向纽约市的优秀教师学习。这些教师包括：东哈莱姆中央公园东一路小学的学前班教师伊冯娜·史密斯（Yvonne Smith）、皇后区法拉盛市主动学习学校的学前班教师范妮·罗曼（Fanny Roman）；布朗克斯社区特许学校的一年级教师杰西卡·劳伦斯（Jessica Lawrence）和安德烈·罗宾逊（Andrene Robinson）；下东区地球学校的一年级教师金伯利·弗里奇（Kimberly Fritschy）和二年级教师瓦妮莎·凯勒（Vanessa Keller）；特威德法院幼儿园的协调员埃玛·马卡里安（Emma Markarian）。这些教师为视频制作和个案研究专题书写慷慨地分享了其工作与知识（其中许多内容可以在高质量早期学习的网站上找到），这些教师展现出了实践研究的力量。

儿童发展基金会还为我在文化和语言多样性的社区中考察高质量教学项目提供了支持，这使得我可以向该领域的其他人学习，并对我在这里分享的观点产生影响。关于这个项目，我要感谢我的联合首席调查员玛丽安娜·索托－曼宁（Mariana Souto-Manning）以及我们的研究团队——南希·卡德韦尔（Nancy Cardwell）、迪娜·洛佩兹（Dina López）、阿伊莎·拉巴迪-劳尔（Ayesha Rabdi-Raol）、利维亚·加瓦尼·德·巴罗斯·克鲁兹（Livia Galvani de Barros Cruz）、伊丽莎白·罗林斯（Elizabeth Rollins）、妮可·麦戈文（Nicole McGowan）、金慧英（Hyeyoung Kim）、奥拉·佩雷（Aura Pere）、帕特里夏·戈多伊（Patricia Godoy）、和南希·布拉德（Nancy Bradt）。感谢他们为项目提供的意见。

非常感谢我的书写兼思想伙伴南希·格罗珀（Nancy Gropper）和丽玛·肖尔（Rima Shore），他们为2016年在纽约市举办的学习者聚会编写了相关文件，这些文件有助于澄清我在本书中分享的许多观点（Falk，Gropper，& Shore，2017）。此外，我也非常感谢纽约市的其他同事，我们一起参与了对话和项目，以便更好地服务于城市中的幼儿及其家庭。特别要感谢我的朋友蕾妮·丁内斯坦（Renee Dinnerstein）、贝特西·格罗布（Betsy Grob）和弗雷塔·雷茨（Fretta Reitzes），他们为我的工作分享提供了便利，他们的指导也触动了许多幼儿教师。

同时感谢教师学院出版社为我提供了出版本书的机会，特别感谢我的项目编辑莎拉·比昂德罗（Sarah Biondello）和约翰·比兰德（John Bylander），他们的支持、耐心和有益的建议使得本书更上一层楼。

最后，我还要感谢我的圈内好友艾伦（Alan）、梅丽尔（Meryl）、卢巴（Luba）、塔比提（Anaiya）、阿娜雅（Anaiya）和阿萨（Asa）。她们的爱不断地滋养着我，激发了我对未来的希望。

前　言

如今，来自多个学科的证据表明，幼儿期是人类发展终身能力的最重要时期（Shonkoff & Phillips，2000），早期教育经历的质量是影响人生轨迹的关键因素（Barnett，1995；Pianta & Walsh，2014），为处在幼儿期的儿童及其家庭提供支持是社会能够做出的最佳投资（Elango，Garcia，Heckman，& Hojman，2015；Gardia，Heckman，Leaf，& Prados，2017；Heckman，2012；Heckman，Pinto，& Saveyev，2013）。人们对早期生活的认识不断提高，引发了对儿童早期教育项目的新投资。投资的扩大还得益于国家对幼儿能够掌握未来成为社会公民所需要的技能的希冀。这也是许多一直未能获得来自学校及其他社会机构的充分服务的人的承诺，他们要为低收入及不同种族、文化和语言背景的幼儿和家庭提供更公平的机会（García & Frede，2010；Ladson Billings，2006；Valdés，1996）。

目　标

认识到这些动态变化，本书旨在阐明教学实践、教室环境及家园共育如何支持幼儿及其家庭在日益复杂的世界中生存与发展。基于认知与发展心理学、神经科学、教育学、语言与文化研究、社会科学和经济学等多个领域的快速发展，以及鄙人40多年的幼儿教育经验，本书为如何创造积极主动的、有参与性的及涵盖丰富经验的"高质量的早期学习"以提高幼儿的认知技能（批判性思维和问题解决）、社会/情感以及文化/语言能力提供了指南（Falk，2012；Genishi & Dyson，2009；Hakuta & Garcia，1989；National Association for the Education of Young Children，2009）。在承认人口多样性迅速增长以及许多人遭受不平等的机会而造成的历史性教育债务（Ladson-Billings，2006）的时代背景的前提下，我特别强调对来自少数族裔社区的幼儿及家庭做出回应并予以支持的做法。

当今时代的儿童

当今，教育质量在全体公民的生存中发挥的重要作用比以往更甚。在当前阶段，质量的概念必须考虑一系列的社会变化（知识爆炸性增长；人口结构的多样化日益增强；科技的飞速进步正在影响着生活的方方面面；就业机会由低水平技能向高水平技能转变；我们生活在一个权力和政治可能是危险和复杂的全球化经济体系中；民主的维持需要公民的知情与行动；家庭中所有的成年人都需要工作），由此产生出对幼儿保育的迫切需求。总的来说，社会越来越需要具有批判性思维、能够理解和分析复杂问题、能够发现问题、创造性地解决问题、具有创新精神以及能够适应快速发展且变化着的条件和环境的公民（Darling Hammond，2010；Falk，2012）。

人们对这些社会变化的普遍反应是希望学校能更好地教育未来的公民，强调更具挑战性的标准，并以考试作为衡量标准。在幼儿教育领域，对学业技能的关注明显增加，在低年级阶段尤为显著（Bassok, Latham, & Rorem, 2016；Gao, 2005）。由于人们相信早期学业指导能够为幼儿在日后面对更具有挑战性的标准做好准备，因此教师向越来越小的幼儿强调符号和技能，尽管事实上这个年龄阶段的幼儿还未发展出理解这些抽象概念的能力（Elkind, 2001；Fuller, Bein, Bridges, Kim, & Rabe Hesketh, 2017）。

因此，积极的、以游戏为基础的体验（如积木游戏、角色扮演游戏、使用操作性材料进行活动、研究沙子和水以及其他科学现象、烹饪、艺术、书写、音乐与运动、故事时间、旅行），甚至是课间休息时间和假日时间，正在迅速地从幼儿的教室中消失（Miller & Almon，2009），取而代之的是越来越被强调的纸笔工作。这种转变在世界各地发生着，在服务低收入家庭和少数族裔学生的学校中尤其普遍。人们通常认为，这类学校应花更多时间准备考试，进而确保"那些孩子"不会落后于具有更丰富资源的同龄人（Nichols，Glass，& Berliner，2006）。然而，我们所了解到的关于儿童如何学习的一切证据均表明，剥夺幼儿积极的、以游戏为基础的体验，无益于幼儿学业能力以及社会/情感方面的发展（National Association for the Education of Young Children & National Association for Early Childhood Specialists in State Departments of Education，2003）。正如美国儿科学会（American Academy of Pediatrics）所警示的，"自由和无组织的游戏不仅有益健康，而且对于帮助儿童达到社会、情感和认知发展的里程碑以及帮助他们调控压力和增强心理弹性发挥着至关重要的作用"（Ginsberg，2007）。

前言中提出的问题将在本书的其余部分进行更详细的讨论。本书的目的是帮助读者了解幼儿如何学习，如何通过有目的、有意识的教学为幼儿的学习提供支持，帮助教育工作者把握高质量、发展适宜性教学的需求与当前社会的挑战和需求之间的平衡。

本书概述

第一部分为"指导教学的基础知识"。该部分讨论了指导幼儿教学的基础。第一章是关于儿童如何学习的见解。通过参考多学科的理解，该章为如何以支持幼儿学习的方式进行教学提供了启示。

第二章详细介绍了如何将教室打造成一个学习环境。该章描述并解释了支持儿童学习的物理环境——活动区域，包括活动区域的安排和设置、活动区域中包含的材料、材料的存放方式以及如何使用这些活动区域来支持幼儿不同类型的学习。

第三章描述了在教室中实现高效学习的关键要素——日常活动、日程安排及过渡环节活动。

第四章阐述了教师了解自己所在的教学环境的重要性，以便教师有效地与幼儿及其家庭联系。同时，该章对教师如何了解自己所在的学校和社区，如何了解学习者的文化背景，以及如何了解不同学习者的优势和需求等问题提供了指导性建议。

第二部分为"学习、课程与评估"。该部分重点讨论了如何通过积极体验来支持幼儿的学习，如何使用和开发课程，以及如何评估幼儿的进步。第五章讨论了如何将游戏、目的、标准和目标联系起来。参考有关主动学习的重要性的研究，该章讨论了教师需要在游戏、显性教学指导及各区、州的标准之间寻求平衡，检验幼儿在教室活动区的探索中如何进行学习，以及在教师的显性教学指导下如何进行学习。

第六章展示了如何通过以幼儿主导、基于活动区域、教师辅助探究的方式促进幼儿的学习。

第七章探讨了跨学科课程与学习，讨论了教师在设计自己的研究课程与使用预先设计的课程时所面对的挑战和益处。

第八章描述了一个学龄前班级，教师在实施必要的课程的背景下，侧重于学习者的需求和兴趣。

第九章介绍了一位教师在学前班中创建的课程，该课程建立在充分了解幼儿如何进行学习的相关知识以及学习者的问题和兴趣的基础上。

第十章着重讨论了评估如何影响教学，如何为幼儿学习提供支持。该章回顾了教师可以收集到的且能够持续追踪幼儿所获得的知识和技能、不同的学习方式以及其优势与需求的多种类型的证据。它为如何在不违背发展适宜性教学原则的前提下按照规定的标准工作，以及如何与家长、其他管理人员及幼儿分享关于儿童学习的信息提供了建议。

第十一章介绍了一项以一年级儿童为研究对象的课堂研究，该研究以教师对儿童的兴趣和理解的评估为导向。创建博物馆是这项研究的巅峰体验，儿童在那里将学到的东西分享给家人和学校群体中的其他成员。

第三部分为"支持儿童学习的策略"。该部分深入探讨了教学策略及其他对高质量早期学习环境至关重要的学校教育要素。第十二章着重探讨了促进幼儿读写学习的方法，建议主要面向如何为处于连续性发展的不同阶段的儿童提供支持。此外，该章还讨论了如何平衡有目的的明确指导与基于游戏的儿童单独活动。

第十三章关注如何通过探究式教学方法以深化儿童的学习。该章主要讨论教学目的及如何使教学过程符合预设目的，为教师如何帮助儿童找到属于自己的学习目标，探究、提出问题、批判性地思考问题、创造性地解决问题提供了策略和具体案例。

第十四章讨论了支持和宣扬班级中儿童多样性与家庭多样性的基本原则。该章考察了如何以儿童的优势和家庭文化资源为基础制定教学策略并提供支持，如何及时回应、紧密联系并持续稳定地支持儿童的多样性，如何尊重差异，如何支持儿童批判性和创造性思维的发展，并展示了人人都能学会的信念。

第十五章探讨了创设充满关怀的教室氛围的意义以及建立人际关系的重要性，能够支持幼儿在社会、情感、身体、认知和文化自觉等各方面的发展，并提出了实现目标的相关策略。

第十六章描述了一/二年级的班级，该章涉及了许多建筑结构和流程图。这些材料为如何建立一个充满关怀的班级共同体提供了细节指导。

第十七章回顾了班级、学校与家庭合作的方式。讨论的主题包括如何与家庭和社区人员沟通课程内容，如何向他们解释课堂上所使用的教学策略，如何让家庭参与支持儿童在校内和校外的学习，如何指导儿童做家庭作业以及如何与家庭合作，从而在课程中注入文化和社区资源。

第十八章反思了寓教于乐的意义。将教学生活重构为"学习生活"，通过提供如何处理学校里出现的不可避免的问题及紧张关系，以及如何与同事建立学习者共同体的策略来结束本部分的内容。

当您阅读下文的内容时，我希望书中的观点能给您提供有用的信息，并能滋养和丰富您的教育生活。

目　录

第一部分　指导教学的基础知识

第一章　关于儿童学习研究的启示 ·················· 3

　　我们对儿童学习的认识 ························· 3

　　有质量的早期教育及保育：将知识转化为行动 ········· 8

第二章　营造教室的学习环境 ······················ 9

　　物理环境支持主动学习 ·························10

　　活动区和材料支持领域及跨领域学习 ···············10

　　教师的角色：学习的促进者 ······················21

第三章　常规活动与过渡环节 ·····················25

　　一日活动流程 ································26

　　过渡与转换环节 ······························29

第四章　了解你的教学环境 ·······················35

　　了解你所任教的学校和社区 ······················35

　　了解学习者的文化背景 ·························36

　　了解每一个独特的学习者 ·······················37

第二部分　学习、课程与评估

第五章　将游戏、目的、标准和目标联系起来 ……………………… 43

　　思考教学目的与教学目标 ………………………………………… 43
　　游戏和积极体验的重要性 ………………………………………… 44
　　游戏、标准和有目的的教学 ……………………………………… 44

第六章　范妮班级的自选时间——在探究和游戏中学习 …………… 51

　　每日的自选时间为主动学习与探究提供机会 …………………… 51
　　基于儿童的实际与能力 …………………………………………… 56
　　学校培养教师学习能力的系列支持 ……………………………… 57
　　通过主动学习提高21世纪所需技能 ……………………………… 58

第七章　跨学科课程学习 ……………………………………………… 59

　　与学习者一起学习 ………………………………………………… 60
　　自主设计课程与使用预先设计的课程 …………………………… 61

第八章　在必修课程中融入学习者——埃玛班级关于地铁的探究 … 69

　　融入学习者的关键特征 …………………………………………… 73
　　这类教学如何发生 ………………………………………………… 74

**第九章　在教师设计的课程中与学习者并肩成长——伊冯娜班级
　　　　　关于"变化"的研究** …………………………………………… 77

　　为主动学习规划教室 ……………………………………………… 77
　　联结儿童的兴趣与问题 …………………………………………… 78
　　支持儿童学习的教学 ……………………………………………… 80
　　在班级里建立共同体 ……………………………………………… 83
　　支持学习的学校环境和过程 ……………………………………… 84

第十章　观察、评估及利用信息来指导教学和支持学习 ······ 87

　　教师的记录 ······ 89
　　学生作品样本 ······ 91
　　学生的记录 ······ 92
　　记录小组的学习情况 ······ 94
　　将评估融入课程：一个迭代循环 ······ 95
　　分享儿童的学习 ······ 102

第十一章　利用评估指导教学和支持学习——杰西卡和安德烈的班级关于布朗克斯河的研究 ······ 105

　　环境/背景 ······ 105
　　将儿童的兴趣、问题和理解纳入课程规划 ······ 106
　　将技能和知识融入研究 ······ 107
　　通过学校博物馆分享研究 ······ 109
　　活动区及材料 ······ 111
　　管理主动学习必备的纪律 ······ 111
　　为所有的学生设计不同的课程 ······ 112
　　追踪儿童的学习情况 ······ 112
　　与家庭共享儿童的学习情况 ······ 114
　　学校支持 ······ 115

第三部分　支持儿童学习的策略

第十二章　注重读写 ······ 121

　　读写能力的发展是一个连续的过程 ······ 121
　　阅读能力的发展 ······ 122
　　书写能力的发展 ······ 124
　　在显性教学、有意指导与独立的游戏活动之间寻求平衡 ······ 127
　　为儿童的多样化发展提供支持 ······ 130

第十三章　支持儿童学习的教学策略……………………………………131

　　目的指导教学………………………………………………………131
　　与目的相匹配的教学策略…………………………………………132

第十四章　倡导多样性………………………………………………………137

　　认识到文化和社区是宝贵的学习资源……………………………138
　　相信所有儿童都能学习……………………………………………140
　　尊重儿童发展的差异性……………………………………………141
　　支持儿童语言发展的变化…………………………………………142
　　支持儿童成为批判性思考者………………………………………143
　　用成功的机会取代障碍……………………………………………144

第十五章　在班级里创建共同体……………………………………………145

　　关爱全体儿童………………………………………………………145
　　关怀促进儿童健康发展……………………………………………146
　　通过群体关怀进行管理……………………………………………148
　　创建共同体…………………………………………………………151

第十六章　金伯利和瓦妮莎的班级所创建的关怀共同体…………………155

　　关怀共同体的构建策略……………………………………………155
　　游戏、主动学习与共同体建设……………………………………160
　　实行民主……………………………………………………………165

第十七章　家校合作…………………………………………………………167

　　构建共同体的通信工具……………………………………………168
　　家庭参与的持续性与最大化………………………………………174

第十八章　从教学中学习……………………………………………………177

　　教学生活就是学习生活……………………………………………178

在共同体中与他人一起学习 …………………………………………… 179
　　问题即机会 …………………………………………………………… 180

附录　教学描述方法 ……………………………………………………… 183
参考文献 …………………………………………………………………… 185

第一部分

指导教学的基础知识

第一章
关于儿童学习研究的启示

在过去几十年里,多学科的大量研究加深了人们对儿童如何学习的理解。现在可以肯定的是,当我们既关注幼儿的认知发展,又关注他们的社会和情感发展时,幼儿的高质量发展才能得到最好的支持。我们也知道,对不同年龄段的幼儿提供的认知发展支持应是不同的:相较于年龄大一点的儿童,幼儿是积极主动的学习者,他们需要通过人际关系及与材料的互动获取大量经验,从而帮助自己理解世界。只有关注这两点,即"完整的儿童"和为儿童提供大量可通过经验进行学习的机会,我们才有可能帮助他们获得应对挑战所需的技能,使其成为不断发生变革的世界中的积极公民。

我们对儿童学习的认识

本章介绍并解释了从不同学科研究中获得的关于儿童学习本质的一些关键理解。

儿童通过经验学习

根据发展心理学理论,经验是触发器,可以促进儿童的大脑发育以支持他们应对挑战。这意味着,在生命的早期,幼儿通过积极地与材料、想法和关系进行互动来理解新的概念和观念。成年人经常提及的"游戏",如积木游戏、角色扮演游戏、唱歌、跳舞、绘画等,事实上都是幼儿为了解世界所做的工作(Bowman, Donovan, & Burns, 2001; Copple & Bredekamp, 2009)。教育家们已经对此进行了一段时间的理论研究,但近年来基于脑科学的研究从其他方面为我们增加了理解该问题的重要的知识维度。

经验构建大脑

神经科学的最新脑成像技术为这些早期的认识提供了支持。相关证据已经证实,积极的经验对大脑处理系统的发展和协作至关重要。婴儿在出生时,大脑拥有超过 1000 亿个神经元,这是婴儿通往学习的连线。这些神经元通过早期的经验相互联结并交织。在人生命最初的 2—3 年,新的神经联结会以每秒钟 100 万个的速度产生!最活跃的联结会逐渐得到增强和稳定,而最不活跃的联结则会被削弱并最终消失(Kaczmarek, 1997)。3 岁时,人的大脑 75% 的结构已经形成;到 5 岁时,大脑超过 90% 的结构已经形成(Center on the Developing Child, 2017)。大脑通过这种方式被构建起来,为幼儿生活所需的关键能力(涉及语言、概念、道德、社会、情感和运动等方面)的发展奠定基础,这些关键能力会影响幼儿未来学习能力的发展。

通过积极的、基于游戏的体验发展执行功能

脑成像技术还向我们证实,幼儿参与到成人称为"游戏"的积极体验中,有助于开发其大脑执行功能,这会使幼儿拥有所谓的"执行功能"。执行功能包括自我控制、记忆(掌握信息并在必要时回忆的能力)及认知灵活性(改变和调整脑力劳动的能力)。所有这些技能对幼儿的学习来说都是必要的,而且已经被证明是学生成功的关键(Leong & Bodrova, 2012)。有些例子能够证明执行功能的作用,如:当教师讲话时安静地坐在位置上,当全班同学排队

前往不同的地方时不能跑到队伍前面，在转弯处等待，明白任何人都不可能永远排在第一位，坚持并专注于完成被分配的任务。

主动学习的其他成果

与执行功能相关的技能还具有其他积极的作用，包括提高幼儿的语言表达和沟通能力、创造力和解决问题的能力，从他人角度看待问题的能力，以及发展批判性思维以建立联系的能力、应对挑战的能力，帮助幼儿成为积极自我导向的学习者（Brown，2009；Diamond，Barnett，Thomas，& Munro，2007；Heckman et al.，2013；Kagan & Lowenstein，2004；Trentacosta & Izard，2007；Vygotsky，1966，1977；Zigler，Singer，& Bishop-Josef，2004）。

执行功能的许多积极作用被发现具有持久的影响。对那些经历过以游戏为基础并支持其提升执行功能的早期学习环境的儿童进行的长期研究表明：当这些儿童长大后，他们有更强的阅读理解能力、更高的高中毕业考试成绩、更低的犯罪记录数量、更小的吸毒成瘾可能性，他们的生活方式更健康，在其他生活方面会获得更多的成功/满足感（Moffitt et al.，2011；Sesma，Mahone，Levine，Eason，& Cutting，2009）。

情感、认知与身体的发展密不可分

新的脑成像技术也证明了生命早期的情感发展和身体健康是如何与认知能力密不可分地交织在大脑结构中的（Damasio，1994；Hinton，Miyamoto，& della-Chiesa，2008）。长期的创伤性经历——长期的食物不安全和因贫穷、无家可归、虐待或忽视导致的糟糕的健康照料，均会对儿童的大脑发育造成严重和长期的破坏性后果（United Nations，2006）。此外，持续存在的负面因素，诸如压力、厌倦、不安、低动机和焦虑，不但会干扰学习，而且对大脑发育具有潜在的危害性，因为当个体遭遇逆境时，其心率加快，血压升高，身体会释放肾上腺素和皮质醇等应激激素。如果这种情况反复发生，随着时间的推移，应激激素的增加会扰乱参与调节学习和记忆过程的神经系统的发育节奏（National Scientific Council on the Developing Child，2005，2009，2010）。慢性压力产生的内部化学物质也会对身体健康产生"磨损"效应，从而增加个体对抑郁症、心脏病、哮喘或糖尿病等疾病的易感性（Danese et al.，2009）

这些长期的生物效应和创伤经历会产生相应的行为后果。研究发现，长期处于压力中的儿童在识别情绪、适应新环境以及形成和维持健康关系等方面存在困难（Gilliam & Shahar，2006；Pollak，Cicchetti，Hornung，& Reed，2000）。

相反，儿童在生活中的积极情感互动和体验（如意义性、兴趣、愉悦、良好关系、安全感和自我效能感）的存在将会对学习产生积极影响（Grindal，Hinton，& Shonkoff，2012）。最重要的是，牢固、稳定和充满爱的关系可以保护儿童免受生活中压力源的伤害，在促进幼儿健康发展方面发挥着关键作用（Gunnar，Morison，Chisholm，& Schuder，2001；Lally & Mangione，2017；Nelson & Sheridan，2011；Pakulak et al.，2017；Shonkoff，2017）。

儿童的发展是自然变化的

研究清晰地表明，儿童早期发展模式并不统一：即使所有的幼儿都在相似的发展道路上，但由于发展步伐和方式不同，他们在学习过程中产生的优势和智能也会不同（Berger，2008；Gesell，1925）。变化和改变是常态而非例外（Meisels，2006）。一个明显的例子就是儿童在学走路时存在年龄差异：有些儿童早在9个月大时就开始学走路，而有些儿童晚至15个月大时才开始学走路。这种多样性在个体发展期间是相当普遍和正常的。例如：我们都知道，更早地掌握走路技能并不会让儿童走得更好，也不会产生任何持久的有益影响。同样的道理也适用于儿童其他重要的发展阶段，包括身体发展阶段（如说话和如厕），以及认知/学术发展阶段（如阅读）（Guddemi，2013；Suggate，2012）。每个儿童在发展的道路上都有自己的速度。了解并尊重每个儿童的成长速度，不仅有助于为儿童未来的成长提供支持，也有助于儿童的成长达到最佳状态。

友爱的人际关系支持健康的发展

研究也证实了牢固、稳定和友爱的人际关系在培养幼儿健康的认知、社交和情感发展方面起到了关键作用。社会科学研究表明，发展不是孤立发生的，而是需要依托于家庭、学校和社区中具有成人关怀的支持性环境。研究发现，高质量的人际关系能够为幼儿提供关爱、抚育及安全感，对幼儿的语言和文化做出回应，培育联系，鼓励幼儿参与和探索，从而促进幼儿获得最佳发展（Hirsh-Pasek, Golinkoff, Berk, & Singer, 2009; Lally & Mangione, 2017; National Scientific Council on the Developing Child, 2004, 2007; Nieto & Bode, 2012; Pakula et al., 2017; Shonkoff, 2017）。当儿童缺失这样的养育环境时，他们的发育就会受到严重干扰（Polakow, 2012）。

文化和社区资源是支持学习的核心

从对文化和语言的研究中，我们还知道，家庭文化、知识储备和社区资源对幼儿高质量的早期学习至关重要（García & Frede, 2010; Gay, 2002, 2010; Ladson Billings, 1995, 2005; Moll, Amanti, Neff, & Gonzalez, 1992; Valdés, 1996）。这些对基于学校的学习标准、目标和目的来桥接儿童和家庭的现实、经验和专业知识同样至关重要（Souto-Manning, 2013; Souto-Manning et al., in press）。

幼儿经历的谈话的数量和质量也会对其发展产生影响，不仅影响他们的阅读学习，也影响其总体智力和情绪发展。长期研究表明，无论使用哪种语言，幼儿与成人的高质量语言交流越多，其未来几年在学业和社会情感方面越容易取得更大的成功（Hart & Risley, 1995; Ravachew, 2010; Snow,

1983; Snow, Burns, & Griffin, 1998)。

有质量的早期教育及保育：将知识转化为行动

研究清晰地表明，幼儿的成长和学习是自然变化的（并非越早越好），是以经验为基础的，通过成人养育者对幼儿整体（包含身体、社会/情感、认知）的回应与支持而增强（Akers, 2014），依托响应他们的文化和语言背景的、相关的和持续的实践支持。研究还证实，积极学习的机会以及成人的支持性和回应性照护，可以促进幼儿执行功能的发展，使其提高处理情绪的能力，发展读写能力，提高创新能力并成功地获得其他认知能力的发展。

基于上述理解，支持儿童实现最佳发展并使他们为应对不断变化的世界的挑战做好准备的最佳方法，是在幼儿期为幼儿提供支持其独特学习方式的教学，提供大量积极参与幼儿教育基础活动的机会（涉及积木游戏、沙/水游戏、科学实验、烹饪、角色扮演、体育活动），提供大量的交谈、听故事以及接触书籍、歌曲和诗歌的机会，提供与他人协商和解决问题的机会（National Association for the Education of Young Children & National Association for Early Childhood Specialists in State Departments of Education, 2003）。正是通过这样的活动，幼儿开始理解世界，为建构语言、读写、数学、科学和艺术概念奠定基础。幼儿以多种方式使用符号的积极经验为其日后顺利地理解和使用抽象符号进行数字书写奠定了基础（Singer, Golinkoff, & Hirsh-Pasek, 2006）。

这类体验所需的教室环境应是安全的、有教育性的和快乐的，可以给予幼儿许多进行有意义的、有目的的，与幼儿文化、语言和发展需要密切相关的活动的机会。充分了解幼儿如何学习（包括一般和特殊学习领域）的教师应提供这类环境，确保幼儿为日后的学习做好准备。本书的后续章节将详细说明如何做到这一点。

第二章
营造教室的学习环境

不闻不若闻之，闻之不若见之，见之不若知之，知之不若行之。学至于行而止矣。行之，明也。

——《荀子》

研究证明，经验是触发因素，它能帮助幼儿组织大脑以支持其应对所面临的挑战，而且这些经验能够促进幼儿的社会性、情感、文化、语言、身体和认知的整体发展，一个积极的学习环境能够为幼儿各方面的成长发展提供支持（Brown & Campione，1996）。为实现这一目标，环境里需要设置活动区以及为幼儿提供需要动手操作、基于游戏的学习活动和教师开展发展适宜性学业技能指导的机会。活动区应提供丰富的材料，以激发幼儿进行探究、探索、发现或与同伴交流的渴望。教师需要在一天中提供不同类型的活动方案和一个明确的和可预测的时间表，用以完成常规活动和精心计划的过渡环节，确保一日活动的流程顺畅及管理良好。

虽然这些环境特征对幼儿在整个幼儿期进行高质量学习十分必要，但不同区域的布置侧重点应视幼儿的年龄/发展水平而有所区别。后面的讨论将通过具体案例予以说明。

物理环境支持主动学习

教室的布置应以帮助儿童为适应不断变化的世界做好准备的早期学习基本目标和宗旨为指引，支持幼儿发展思维、推理、问题解决、决策、迁移、表达与分享等能力。在传统的教室环境中，知识通常由教师传递给坐在一排排课桌前的被动接受者，学习者使用的材料（通常是书、铅笔和纸）存放在封闭的抽屉或高架子上，由教师控制其使用，这并不能有效促进 21 世纪学习目标的实现。相反，促进 21 世纪学习目标实现的环境应由不同的兴趣区或中心组成，为读写、数学、科学和艺术等学科的学习提供机会。教师不是教室或学习的中心和焦点，丰富多样的材料可供所有幼儿使用。在这种环境中，幼儿可以检验和表达自己的想法，做出决定，解决问题，将自己的推理运用到不同的情境中，并与他人分享自己的学习经验。

教室区域需要明确地界定，每个区域都应提供丰富多样的材料，以作为儿童进行领域和跨领域学习的工具，并且每个区域应提供桌椅或个体和小组工作的空间，可以指定一块较大区域作为全班幼儿聚集或讨论的场所。幼儿作品的展示区应设置在与幼儿视线平行的区域，幼儿的物品储存区也是教室环境的必备区域，以支持幼儿的高质量学习。

活动区和材料支持领域及跨领域学习

以下是高质量早期学习环境中的一些基本活动中心 / 区域，能够提高幼儿建构和理解知识的能力。

积木区陈列了一套完整的木制积木，这些积木按照大小、形状及辅助信息（如标识、数字和书写用具）被排列在标有记号的低矮的开放式置物架上。幼儿可以根据这些记号清晰地知道每块积木应被排列的位置（见图 2.1）。

图 2.1　积木区

数学/操作区包括拼图、小积木、乐高积木、棋类游戏、磁力片积木、几何板、属性块以及其他操作材料,它们能够培养儿童的思维和解决问题的能力、支持幼儿发展数学大概念(计数和基数、运算和代数、数和数感、测量和数据以及几何)(见图 2.2)。

图 2.2　数学/操作区

阅读区包含各类书籍,它们按照难易程度及幼儿的阅读兴趣摆放,所面向的阅读人群应是教室里的所有幼儿(见图 2.3)。

图 2.3 阅读区

书写/绘画区提供了不同类型的纸张、书写/绘画材料（蜡笔、记号笔、铅笔）、邮票、模板、字母表等，这些材料可与幼儿的美术材料相结合。随着幼儿读写能力的连续性发展，教师将这个区划分为独立的区域（见图 2.4）。

图 2.4 书写/绘画区

美工区提供不同类型的纸张、绘画材料（蜡笔、记号笔等），还有糨糊或胶水、剪刀、邮票、水彩笔、粉彩、蛋彩颜料及画笔、一个可用于大型绘画的画架或桌子，拼贴和建筑材料以及其他操作材料（如橡皮泥、黏土等）(见图 2.5）。

图 2.5 美工区

科学区包括放大镜、沙/水操作桌、动物（豚鼠、蜗牛、黄粉虫等）以及其他自然界的产物（如植物、岩石、贝壳、树叶等），具体材料的投放需依据一年中的季节时间、课程主题或班级幼儿的兴趣。在该区域内，幼儿应被给予充分的时间进行实验的测量、计算、操作及预测（见图 2.6）。

图 2.6 科学区

为幼儿（至少在幼儿园里）设置的角色扮演区，可以作为一个"房子"使用或用以重温和反映与班级特定课程重点（如邮局、火车站、医生办公室等）相关的想法和认识（见图2.7）。

图2.7　角色扮演区

媒体中心可以让幼儿接触和使用计算机、音频设备、智能白板和其他技术设备（见图2.8）。

图2.8　媒体中心

烹饪区包含准备加餐所需的工具或与课程相关的其他食物（见图2.9）。

图 2.9　烹饪区

一个大的会议区足够容纳整个班级中的成员聚集在一起进行小组讨论、课程学习、故事讲述以及音乐/运动活动。一般来说，会议区也可被当作其他更大的教室区域使用（如积木区或图书馆），具有双重用途（见图 2.10）。

图 2.10　会议区

如果可能的话，户外活动区应直接与教室相连，幼儿可以在这里奔跑、跳跃、攀爬、玩轮式玩具、种植一个花园以及从事其他体育活动（见图 2.11）。

图 2.11 户外活动区

* * *

  这些活动区通常包括促进不同类型学习的材料。它们的服务目标和宗旨是重叠的，即促进幼儿在不同领域的学习。例如，语言和读写发展在一日生活中的任何区域都能得到支持，特别是在积木区（通过谈话、书写标志等）、书写/绘画区、角色扮演区、阅读区和媒体中心。社会性学习在积木区、阅读区、烹饪区、角色扮演区和科学区都能得到特别的支持。数学能力在积木区、美工区、科学区、数学操作区等区域获得发展。艺术学习发生在艺术区、角色扮演区及会议区。科学学习则在积木区、烹饪区、角色扮演区、数学/操作区、科学区等区域获得支持。

  有些区域是（或者是）其他区域的细分，例如一张用于玩橡皮泥的单独的桌子，其中一部分可作为建构区（操作可回收材料，如纸箱、麦片盒、纸巾和卫生纸筒等），另一部分可作为缝纫的区域等。有时，在某个年级或发展水平上这些区域会比在另一个年级或发展水平上更受重视。随着儿童的变化和成长，对以游戏为基础的和与动手学习活动相关的单一区域的指导的程度也在不断变化，适合儿童学习的内容和技能也会变得越来越复杂。例如：在幼儿早期，角色扮演区是一个至关重要的区域，因为该阶段的幼儿主要通过角色扮演和直观行动来构建对世界的理解，而不是通过他们在小学阶段才能够掌握的阅读、书写、说话等技能。因此我们必须记住，无论处于何种年龄和发展阶段，所有的学习者都需要一个有意义和有目的的环境，以帮助他们理解新知识和学习所需技能。

活动区的布置

在决定教室中每个区域的位置时，应考虑将相关或互补的活动区以及噪声级和设备需求相似的活动区放在相邻的位置。例如，需要取水的区域（如美工区和科学区）应该相互靠近（并靠近水槽），噪音较大且互补的区域（如积木区和角色扮演区）应该相邻。安静的区域（如阅读区、媒体中心和书写/绘画区）应该呈封闭状态。在设置活动区的位置时，还应考虑教室内的"交通模式"，以便从事相关活动的幼儿能够就近找到支持材料（如美工区靠近科学区、阅读区靠近书写/绘画区等），使安静的区域不受交通流的干扰。

绘制一幅教室的图画或地图可以帮助你进行规划。每个区域都应有与其他区域相分割的明确边界。边界标记可以是低矮的储物架、公告板，甚至可以是桌椅。这些边界应该在不妨碍幼儿活动的情况下，标示出教室的组织结构中区域所在的位置（见图2.12）。

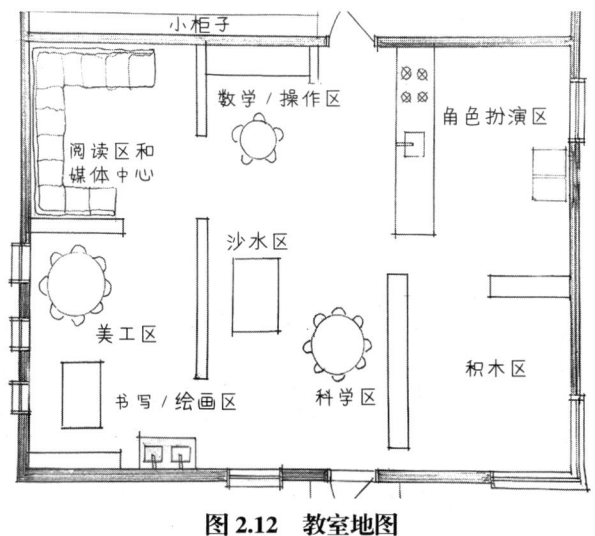

图2.12　教室地图

存放材料以支持儿童的自主性

为促进幼儿的独立性、自主性及自我效能感的发展，存放于各区域的材料应该便于幼儿拿放，便于他们在需要时可以自主获取。这意味着储物架应该是开放的且幼儿可以够得着的。标签（使用幼儿能看得懂的语言）应该贴在每个材料所在的位置，给幼儿提供一个找到和归还材料的指南，这个指南还可以促进幼儿读写能力的发展（幼儿可以看到他们所需要的材料的书面文字）。

更换材料以支持学习兴趣和主动学习

我们知道兴趣是学习的动力，而积极的体验是幼儿学习的重要方式，所以教室中心/区域提供能引发幼儿兴趣的、多元化的、具有发展适宜性的材料至关重要。无论一个区域的组织、材料储存和标记多么完善，若材料不适合幼儿的发展水平或者材料没有意义，若幼儿不被允许积极参与，或者进入区域前过度接触材料或接触材料不够，那么幼儿都将无法保持兴趣，区域的教育性也会降低。例如：因为幼儿通过经验来建构对事物的理解，所以一个只包含工作表的数学区在使用率和教育性上均低于一个包含可以用来做实验和操作的材料的数学区（泰迪熊计数器、学习基数时使用的捆扎好的搅拌棒等）；如果角色扮演区被打造成一个只包含食物图片的杂货店，那么就不会像一个堆满真实食物以及食物容器的商店那样有趣（或富有学习价值）。积极的参与是保持兴趣的关键。如果某种材料只有一种用途，那么幼儿使用一次后，就不会再次使用这种材料。然而，当一个区域里的材料具有不同的复杂程度且可以被幼儿以多种方式使用时，幼儿则会一次又一次地青睐该区域。积木区就是一个很好的例子。它可以被2—3岁的孩子使用，也可以被7—8岁的孩子使用。年龄稍小的孩子会用积木在地板上搭建简单的建筑物，年龄稍大的孩子会用自制的标牌和其他材料来建造复杂的建筑物。

定期更换区域材料也有助于保持幼儿的兴趣及参与性。这一点包含以下几个方面：在学年初可以在区域内先投放有限的材料，再在整个学年中逐步引入越来越复杂的材料；在幼儿能够进行分类整理并有效使用材料之前，幼儿需要先了解如何处理材料；随着课程的展开、儿童技能和兴趣的发展，可以将材料引入反映学习主题的不同区域中。例如：在研究植物的过程中，可以侧重于在科学区中种植不同种类的种子；而在研究岩石和矿物的过程中，可以在科学区中引入与此主题相关的物品。根据课程的重点，角色扮演区可以是一个家、一个火车站或一个医生的办公室。

装饰丰富的环境

有意义的文本应该以图表的形式展示在整个教室中，用以记录小组的学习生活。与其用商店里买来的东西"装饰"教室，不如将幼儿的原创作品（他们的绘画、用自己独创的方式或拼音字母书写的文字、口述的故事）展示在教室中。记录了讨论和学习的图表［如食谱、对话记录、课程网站、KWL 表（我们知道什么、我们想知道什么以及我们学到了什么）、记录了对重要问题的投票或想法的图表、生日图表、牙齿脱落图表、工作图表、选择图表等］也应该被陈列在教室四周，这向幼儿展示了他们的努力多么有价值（见图 2.13—图 2.15）。

图 2.13—图 2.15　图表

文化相关和回应性材料

在环境和整个教室的印刷品材料中,应包括能反映班级儿童及其家庭的多元文化、语言、性别及家庭结构的相关材料、书籍、图像和工艺品。儿童需要这样的教师——他们能将儿童的多样性视为一种优势资源而非不足。蕴含儿童传统语言的图表、标签、歌曲和文本,不同种族和文化背景的人的正面形象照片,研究、书籍、旅行和特殊事件中关于不同文化和社区的描述;教师为将班级里孩子们所爱的人的贡献融入班级所付出的努力等,可共同创造一个具有文化可持续性的环境（见图 2.16—图 2.17）。

图 2.16—图 2.17　文化回应性材料

教师的角色：学习的促进者

在一个为主动学习而创设的教室中，教师的角色需要从"信息的讲述者"

转变为"学习的促进者"。这意味着教师需要在教授具体技能或传达信息与提供经验之间取得平衡,以帮助儿童构建和发展所需要的理解能力和实践技能。"当一个人过早地教给孩子一些他本可以自己发现的东西时,孩子的探索性会受到阻碍,因此孩子也就无法完全理解它"(Piaget,1970,p. 299)。

教师不应该是活动的中心,相反,教室中资源丰富的活动区应该在儿童的学习中扮演重要角色。为实现这一点,教师需要仔细规划儿童可以掌握的学习经验,有意识地在每个区域放置与所学内容相关的材料,在儿童活动时仔细观察,并跟进在自主活动时段中注意到的问题、话题、误解或幼儿的兴趣。

例如,对社区进行研究时,教师可能会在晨会时间大声朗读和谈话。关于社区的不同方面的文本应该放在阅读区以及其他区域(如积木区)。照片、海报和其他相关的印刷材料可以在墙上展示。在研究社区的不同阶段,角色扮演区可以被打造成商店、火车站、医生办公室等。在活动区使用什么材料及何时使用,取决于教师对儿童的好奇点和兴趣点的关注。例如:在纽约市一个学龄前班级研究社区的过程中,儿童对建筑表现出强烈的兴趣,因此教师带来了纽约市标志性建筑的照片,并提供了其他相关材料。儿童每天在积木区搭建这些建筑的模型。教师拍照保存儿童完成的作品,并制作了一本书来展示他们的工作。

技能学习可以通过各种各样的活动而得到支持:阅读技能通过阅读作为项目资源的各种书籍而获得,书写技能通过制作建筑标志和班级用书而获得,数学技能通过操作不同大小和形状的积木而获得,社会知识通过对城市的讨论而获得,科学素养通过讨论建立和建造建筑物的过程而获得。教师应积极地推动儿童学习,不是通过讲述的方式,而是通过创设儿童将获得的学习经验,抓住教育契机提出或回答问题,指明信息或在儿童使用特定技能时提供指导等方式。

通过这些方式,教师促进了儿童与现实生活经验相关的学习,并反映了班级儿童的兴趣和理解(见图2.18—图2.23)。

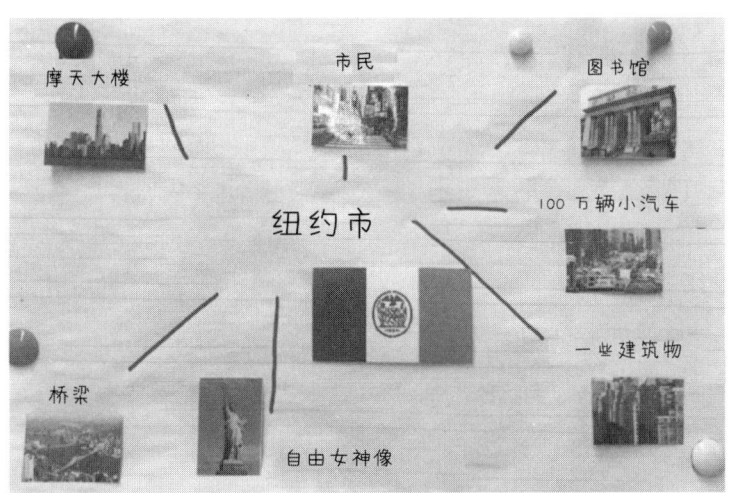

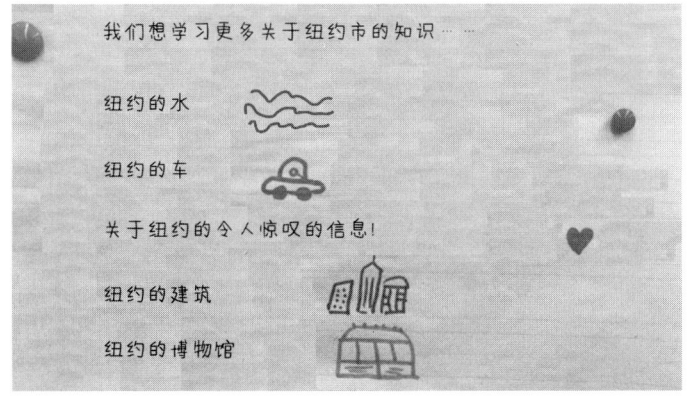

图 2.18—图 2.23　建筑物

第三章
常规活动与过渡环节

我们从小养成的习惯绝不是小事，恰恰相反，它具有至关重要的作用。

——亚里士多德

正如前一章所介绍的，"教学即讲授"的旧观念——学习被视为接受信息，并要求所有的幼儿在同一时间做同样的事情，正逐渐被21世纪为学习者提供适宜的教学环境的观念取代。此观点基于当前对儿童如何学习的理解，即他们通过对材料、过程和关系的体验来建构对世界的理解。因此，为实现这一点，负责支持儿童学习的成人需要计划好一日的安排。教师需要在一天中提供幼儿参与不同类型活动的机会，并确保定期为大组、小组合作和幼儿独自工作提供机会。教师需要牢记以下原则，来更好地为幼儿的学习提供支持。

- 学习是一种社会化过程，因此应为幼儿提供在大、小群体环境中与他人互动的机会，以帮助其产生和交流思想。幼儿不应该把时间只花在参加集体活动中，或者被强迫长时间安静地坐着。相反，他们应该参加各种活动，并在一天中的不同时段有机会与材料或其他幼儿进行个别的、小组的或全班的丰富多彩的活动。
- 兴趣是学习的强大动力，因此应该尽可能为幼儿提供多种选择的机会。
- 学习者的经历和背景、成长和发展的速度及方式各不相同，长处和兴趣各异，因此需要为那些发展比较快以及需要额外帮助的学习者提供学习的机会；个性化教学应支持差异化指导，以建立和支持个人不断变化的优势与需求。

- 高效的学习发生在有意义和有目的的环境中，因此应该为幼儿提供参与项目的机会，鼓励他们将学习的新知识运用于解决现实世界中的问题和困难。
- 深入理解和熟练掌握技能需要时间，所以需要延长幼儿主动学习和游戏体验的时间。完成作业表不应成为教室活动的主要内容。
- 已有研究证明，体育活动具有增强幼儿的认知学习能力的作用，因此在天气允许的情况下，每天都应为幼儿提供户外玩耍的机会。绝对不能为了争取更多的教学时间而牺牲幼儿的户外活动时间。
- 语言和读写能力的发展是学习不可或缺的组成部分，因此应当在教室中的所有活动区提供相关的文本材料。教师应该全天为幼儿提供阅读书籍的机会，而不仅仅是在小组讲述故事时间进行。此外，教室环境中应充满与学习活动相关的印刷资料及装饰品。

一日活动流程

基于上述理解，幼儿在园的一日流程应包括以下内容：充足的项目和活动区的工作时间（包含各领域的学习机会），召开班会（讨论和制订学习计划，阅读和讨论文学作品，分享工作，反思学习），在整个班级、小组或个人情境中进行所有领域的工作和指导、户外运动、进食时间（早餐、午餐、点心）和休息时间（对更小的幼儿），旅行，其他特殊的活动。幼儿应每天都有机会在室内或者在天气允许的情况下到室外进行体育活动。

提供连续性日程表

一个连贯的、灵活的作息时间表为幼儿的学习和选择提供了充足的时间，创建了最少的过渡环节，并限制了集体活动或静坐的时间。学习应该发生在每天的集体活动、小组活动及教师与个别幼儿的一对一互动之中。这有助于教师了解每个幼儿新学会的技能，并规划适宜于每个幼儿学习风格的体验活动。日程安排表应设置如下（见图3.1）。

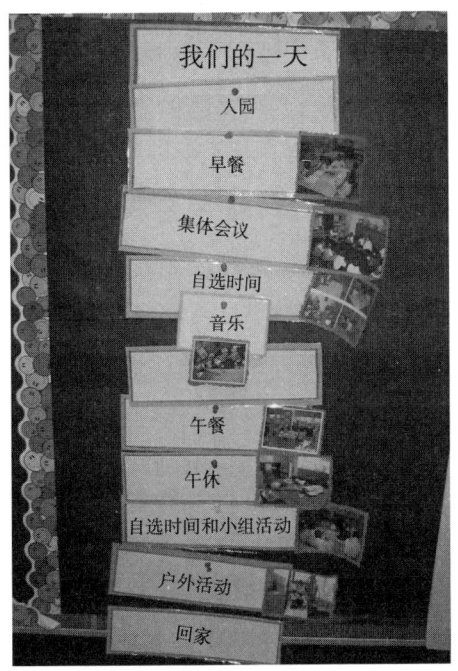

图3.1 日程表

入园活动。每日生活从幼儿选择教室的不同活动区域开始，以使幼儿进入幼儿园后就有一种融入感和参与感；在这段时间可向幼儿供应早餐。

晨会。这段时间用来欢迎幼儿，烘托适宜的气氛并制订当天的计划。晨会通常会进行大声朗读，然后由幼儿选择他们想进入的活动区。

自主活动。在理想情况下，幼儿在开放式区域中活动的时间应至少持续一小时，这段时间被称为"自选时间"。日常保持每天长达一小时的活动时间是为了确保幼儿能够充分深入地参与其中，建构自己的理解，并真正将其贯彻到他们的行动之中。第六章"范妮班级的自选时间——在探究和游戏中学习"这一案例对保留这段时间的可能性做了详细描述。

自主活动分享会。在自选时间后，本次会议提供了一个分享自选时间所学知识的机会。正如第六章所述，学前班教师范妮·罗曼开发出一种方法，将对幼儿书写学习的支持纳入自主活动分享会。整理完自选时间的活动区后，她把幼儿召集在一起，邀请他们思考自己在自选时间里做过或学到的一件事。然后，幼儿坐在桌子旁，或趴在地板上，写下或画出他们在自选时间里所做的事情。为此，范妮为他们提供了一份特别的自主活动反思日记。作品会因幼儿书写的发展水平而有所不同。10~15分钟后，全班幼儿在会议区重新开会，分享和讨论他们在日记中所写的内容。

午餐。正餐和点心时间是幼儿一起补充体能、分享和放松的重要时刻。无论幼儿选择从家中自带的食物，还是学校提供的食物，午餐时间以及点心时间都是一个强调健康饮食习惯和社交礼仪的好机会。教师可以鼓励幼儿轮流在桌子上摆放餐具和分发食物，等到每个人都被分发到食物后再开始一起食用。幼儿在吃饭的时候可以和同伴相互交谈，并在食用后清洁和回收餐具。每天的午餐及点心环节是培养幼儿为他人和集体服务意识的重要时间段。

户外活动。体育活动对儿童的健康至关重要，应成为日常活动的一部分。安全且具有适当监督的体育活动时间（在天气允许的情况下最好是户外）对幼儿的认知、身体、情感以及社会发展均具有积极作用。它应该包含自由、无组织的游戏或活动。决不能把剥夺幼儿的活动机会作为一种惩罚。户外时间/休息是一日生活的重要组成部分，美国儿科学会（American Academy of Pediatrics，2013）也对其益处表示了认同。

午休。大多数与幼儿相关的项目都需要设置休息时间。在这个时候，如果需要的话，他们可以通过睡觉，或者从事安静的活动（如阅读或看书）来补充体能。

午后活动。下午的活动设置应根据幼儿的年级而有所不同，包括读写区，作家工作坊，数学工作坊，音乐、美术、科学、语言支持等特有的课程，与当前课程学习相关的旅行活动，或为年龄较小的孩子提供更多的自选时间。

下午会议。这是一天中一段大声朗读和反思的时间。

离园或课外活动。

过渡与转换环节

一个高质量的早期教育机构会在全天为幼儿提供丰富多样的活动。这些活动之间的过渡与转换包括：早上从家到幼儿园，下午从幼儿园回家，从结构化活动到整理清洁环节，从个人和小组活动到班级集体会议，进入或离开卫生间以及室内外等活动的转变。这些都是幼儿及教师面临的挑战。过渡与转换会带来挑战，因为它们预示着变化，而变化可能是困难的。在过渡时期，幼儿的兴趣及参与的活动被暂停，留下一段空隙时间，在这段空隙时间中，压力、焦虑、恐惧或幼儿对家人的思念之情可能会出现。伊丽莎白·赫希（Elisabeth Hirsch，1974）将过渡环节称为"教育的绊脚石"。这些绊脚石反映在幼儿每天入园前或学年开学初向照顾他们的人告别时流下的眼泪中；反映在当幼儿踢腿导致积木倒塌时，教师只是让他清理干净的时间中；还反映在当孩子们排队从一个地方到另一个地方时，出现的争吵或戏弄中。

对于第一次入学且年龄很小的幼儿来说，从家到学校的过渡是具有挑战性的，因为他们正在离开熟悉的家人、家庭和社区，去体验新的环境和新的人。这些年幼的学习者需要学会信任新的看护人或教师，了解和理解新的环境，学习调节自己的情感和行为的策略。可以通过增强新的学校环境的吸引力和发展适宜性来缓解这种过渡焦虑，还可以通过借助于幼儿所熟悉的家庭看护者的力量来增强幼儿对环境的安全感，缓解这种过渡焦虑。这就是为什么早期儿童学习中心在为年龄较小的幼儿提供服务时，往往要求其所熟悉的成人在开学的第一天留在教室里，以帮助幼儿适应新的环境。克服面向未知的第一次转变，是培养幼儿持续一生的自信、适应能力，激发其对新挑战的渴望的重要的第一步。

对于幼儿来说，另一个值得关注的重要过渡是他们在教室里从一个活动转换到另一个活动的时候。在教室里，过渡意味着幼儿不得不停止当前有意义的和正在参与的活动，如参与一个项目、阅读一个故事或进行其他有趣的活动。如果他们不知道接下来会发生什么，那么他们可能会感到焦虑、无聊、坐立不安，或者开始想念家人等。这些情绪会导致幼儿产生攻击性行为、缺乏自控能力、行为倒退或噪音增加。

教师在过渡环节有时也会感到不安。教师在结束一段高效、有序、忙碌的自选时间后，常常会感到恐惧，因为他们担心接下来的整理时间可能会缺乏条理，有时还会是忙乱的。当整理时间临近时，房间里的成人突然产生离开去洗手间或出去打电话的强烈想法是多么普遍啊！教师和幼儿都怀念有意义的活动所提供的支持。正是在这个时候，教师因为担心无法管理有挑战性的孩子或担心失去对班级的控制而产生焦虑。为了尽量减少在过渡时间可能产生的焦虑，教师可以采用多种策略，这些策略下面将进行讨论。

建立常规秩序

对幼儿来说，让他们知道自己身边将要发生什么事是一种安慰。想想你自身的经历，想想当你要去一个从未去过的地方时所产生的焦虑。但是你一旦到过那里，下次再去时就不会产生同样的不安了。熟悉感是一种真正的精神支持。为了帮助幼儿为将要发生的任何改变做好准备，教师应每天建立一份清晰明确的、保持一致性（当然是灵活）的日程。制定的日程应被共同讨论和复查。除了书面的日程表要放在教室里显眼的位置，以便展示给所有的幼儿看之外，区域活动时间、整理时间、点心时间和离园时间也应被所有相关人员熟知。很快，幼儿就会告诉其他人或他们的家人："我们先做什么，之后做什么。"

提供预先提醒

提前提醒幼儿整理或者准备回家等其他过渡环节的发生时间，有助于减轻幼儿因变化而产生的焦虑。想象一下，如果你沉浸于一本好书中，然后在没有任何预先通知的情况下，突然有人把书从你身边拿走，你会有何感想？相反，如果你被告知 5 分钟内停止阅读，那么你可以通过调整阅读目标，有策略地先读完某一章、读到某个段落或页面的结尾来做好准备。幼儿在他们参与的活动中会有同样的感受。要给他们一个提醒，让他们提前做好心理准备。

使用歌曲或歌谣来舒缓过渡

使用歌曲、歌谣或与过渡环节有关的信号有助于舒缓过渡，尤其是对幼儿而言。不要用顶灯闪烁来表示过渡，因为提供过度刺激会适得其反，特别是对那些对高感觉输入敏感的幼儿而言。相反，一段幼儿熟悉的或歌词中包含过渡信息的词语的自编旋律，能够帮助幼儿集中注意力，组织幼儿为即将到来的活动做准备，并使其积极参与到活动中。集体会议中的欢迎歌或一天结束时的告别歌都可以起到同样的效果。

指定明确的任务

向幼儿详细说明做什么以及如何做将有助于使其保持专注和冷静。给幼儿指定具体的任务（如哪些区域需要清理以及如何整理），将指导他们如何完成工作。可向快速完成指定任务的幼儿提供额外的工作。用桶里的湿海绵清洁桌子是一项有趣的活动，教师可让那些提前完成任务的幼儿从事这项活动；这将有助于幼儿更长时间地保持效率和积极性，减少空闲时间。

为未来提供明确的方向

如果幼儿知道接下来会发生什么，那么焦虑就会减轻。所以教师的工作就是帮助幼儿了解将要开展的活动。例如：如果过渡时间是一段整理时间，那么关于去哪里和下一步做什么的明确指示将有助于缓解幼儿的焦虑。通常，整理时间后会有一段会议时间。在幼儿完成整理工作后，教师应引导他们到会议区。然而，即使整理活动顺利进行，等待每个幼儿都聚集到会议区的做法也可能是导致行为问题的另一个常见原因。为了避免等待时间带来的无聊和焦虑，教师需要为幼儿提供下一步做什么的指导。成人可在会议区中引导幼儿唱歌谣、玩游戏，这可能是缓解由等待而引起的问题的有效策略。另一种有效策略是指导幼儿阅读书籍（从阅读区或专门为此目的而保留的"过渡时间书籍"容器中取出）。

减少等待时间

等待会导致无聊，无聊可能会导致焦虑和行为不端。减少一天中的等待时间将有助于减少纪律问题的出现。在一天的开始，不是要让每个人都坐在一起等待参加例行晨会，而是要让幼儿一入园就开始工作和活动，待幼儿全部到齐后再开始晨会。

交错过渡有助于减少因小组改变可能引发的混乱。如果是整理时间，那么教师可以先从最混乱、最耗时的区域或者幼儿已经失去兴趣的区域开始引导幼儿整理，然后整理整个教室。玩水的桌子、积木区和美工区通常属于这种情况，教师可先与参加这些区域活动的幼儿一起整理该区域，再引导整个教室中参与其他区域活动的幼儿进行整理。

如厕或在冬天将要外出的过渡环节可能需要更长的时间。教师应一次让几个幼儿做好准备，而不是让全体幼儿排队在同一时间做同样的事情。试图让所有人在同一时间做同样的事情是很少奏效的。幼儿常常会因等待而产生焦虑，最终出现不良行为。

在故事时间或者幼儿排队时间，不要等待整个小组的绝对安静。一个更好的解决办法是，当大多数幼儿已经准备好时，就开始阅读故事或活动。你会发现，随着故事或活动的开始，幼儿很快就会变得安静或出现合作行为。

有时，教师用温柔的声音开始阅读或交谈，而不是用提高声音的方式压制那些还没有安定下来的幼儿，更有助于获得幼儿的关注。在这种情况下，幼儿自然会安静下来并听教师在说什么。

离园环节是另一个可能因等待而引发焦虑的过渡环节。幼儿可能正在为把他们的忠实感从学校转移到家中的问题而挣扎，可能担心自己没有被接走或被落在后面，也可能只是因为在学校里待了一整天而感到疲倦。因此，这个阶段应通过组织幼儿进行有意义的、有趣的、有目的的、放松的和舒适的活动来减少等待时间，以帮助他们减少这些担忧。做一些特别的事情，如在烹饪区做饭或阅读一本有趣的书，都会让幼儿感到舒服。

使过渡活动有意义且有目的

营造一种共同体意识，一种拥有一个好空间的集体愿望和自豪感，可以鼓励幼儿进行合作，并有动力整理和顺利过渡。例如：在整理积木区时，如果有一个成人在场，帮助幼儿寻找放置积木的有趣方法（当积木掉落时，冲过去把积木堆成形状相似的堆，递给幼儿同样大小的"三明治"块，并指引幼儿找到标示积木摆放位置的形状标签，或者让幼儿发明搬运积木的方法——把积木堆在椅子上，然后把椅子当作推车来将积木送到架子上），那么幼儿可能会更有兴趣参与到整理活动中。以这种方式工作，将有助于让幼儿在一日生活中充满参与感和舒适感。被满怀信任和尊重的教师支持、具有适当挑战性并让幼儿感觉"恰到好处"的任务，有助于提高团队的士气，从而减少幼儿的焦虑和困难行为。

不要反应过度

当幼儿感到焦虑时，他们比以往任何时候都更需要成年照料者保持沉着和冷静。幼儿需要安全感和被保护感。他们需要知道，负责照顾他们的成人是可信赖的，并且会保护他们。如果一个成人用激烈的情绪来回应幼儿发脾气的行为，那么不但不会使幼儿感到安心与平静，而且会进一步增加其产生负面行为的可能性。相反，成人应保持冷静，轻声说话，并对幼儿可能产生的感受表达同情。区别对待你所承认的幼儿的感受以及教师不允许的幼儿的行为表现。帮助幼儿认清自己的感受，并找到可接受的、有效的解决办法。这种教育方法将帮助幼儿从无助转向对自我的情绪及行动的掌控（Erikson，1963；Jones，1968）。其他幼儿会听到并看到你的回应，这会向他们传达一个信息——如果出现问题，那么他们将会遇到什么。如果他们看到你以同情的和有教育意义的方式对待一个可能面临困难的孩子，那么他们就会确信，如果他们遇到类似的问题，他们也会得到同样的对待。这种确信会在教室里营造一种相互接受和支持的氛围，有助于减少幼儿困难行为发生的可能性。

第四章
了解你的教学环境

我们都知道，学习是帮助学习者与世界的新知识建立联系的过程。因此教师应知道的不仅仅是他所教授的知识，还需要知道在一般情况下儿童如何学习和发展的知识，以及每个儿童如何进行个性化学习的相关细节。这包括了解每一个学习者，了解你所任教的学校与社区环境，了解儿童及其家庭的语言和文化背景，识别和利用社区的资源及家庭的知识基础。

了解你所任教的学校和社区

了解学习者首先需要了解学习者所处的环境。在任何学校开始教学工作之前，都应先了解学校所在的社区。在这所学校上学的孩子住在哪里？社区的人口统计情况如何？学校周围有什么样的建筑？人们住在小房子、公寓、公共住房、无家可归者收容所或其他房子里吗？社区还提供哪些服务？还有什么其他可用设施（如公园、商店、保健中心和餐厅）？附近有哪些文化机构（如宗教集会场所、博物馆、公共图书馆、植物园、动物园）？

同时要了解学校的情况。学校的入学率是多少？什么样的儿童（涉及儿童的年龄/年级，其家庭的种族/民族/社会经济及语言背景）可以入学？学校的环境是怎样的？物理设施设备、环境氛围及色调如何？学校已经开办多长时间？教师每日的工作时长及学年时长是多少？儿童如何到达学校？教师、管理人员及辅助人员都有谁？学校的理念或使命是什么？有哪些专业发展的机会？学校提供哪些类型的课程？学校提供哪些可用的学习资源？家庭或家长参与的机会有哪些？

认识你所在学校和社区的环境和条件，将有助于你更好地理解学生及其家庭、同事，并对他们的经历做出回应。

了解学习者的文化背景

明晰和理解班级中不同儿童的文化和背景是非常重要的。儿童说什么语言？他们来自哪个国家？其文化或社会经济背景是怎样的？有哪些文化和宗教传统？儿童及其家庭可以给课堂带来哪些文化资源或知识？（Moll et al., 1992）为了能充分地了解你所教儿童的观点及其影响，了解清楚上述信息是很重要的。所有与发展相关的研究都强调了儿童的语言和文化的重要性；差异是一种财富，而不是一种亏损；双语和二元文化可以促进儿童的学习（García & Frede, 2010; García & Wei, 2014; Garda, Lin, & May 2017; Gay, 2013; Ladson-Billings, 1995, 2005; Paris & Alim, 2017）。

研究指出，为实现支持儿童学习的最优化，创设融入儿童文化和语言背景的教室环境是至关重要的。当教师了解儿童在课堂上所说的语言并教给儿童将所学内容与其在家中所说的语言相联系的方法时，儿童能进行更加有效的学习。因此，当教师不知道班级中各个孩子的母语时，应逐步熟悉这种差异性，通过使用关键词和概念，学习不同的语言模式和语法，有策略性地使用翻译策略（多语言）来调和社会和认知活动（García, Johnson, & Seltzer, 2017），寻找会说该语言的人，并寻找蕴含这种语言的资源，这是对儿童和家庭的有效回应，也是对儿童持续学习的支持。

了解并回应儿童的文化及其他方面的背景，也是一种支持儿童学习的至关重要的方式。例如：如果一个孩子拥有和许多土著民族一样的文化传统，在历史上，这样的文化传统始终倾向于集体共同工作，那么西方社会所盛行的强调个人表现和竞争的观念，可能会与他们以合作为导向的互动方式产生冲突；或者，如果一个孩子拥有非洲、墨西哥或其他类似的土著文化传统，在相应的文化传统中，与权威人物直接眼神接触会被认为是不尊重的表现，那么要求孩子在说话时"看着我"可能是对儿童文化的不尊重（Cazden & John，1971；Hymes，1967；Philips，2009；Wax, Wax, & Dumont，1964；Wolcott，1967）。通过以下方式来回应，既表现了对儿童的尊重，也有助于维护儿童的家庭及社区文化。

多元化内容和多样化方式的教学同等重要（Banks，2006；Nieto & Bode，2012）。了解你所教儿童的节日、食物、传统服装以及其他传统等文化资源，以便你能通过文学、音乐、图片和体验活动将它们带进课堂。确保教室墙上的书籍和图片能够反映世界不同的文化和语言，并且包含那些与班级儿童样貌相似、语言背景相同的儿童的图片。确保注意到班级中的家庭节日，为儿童提供反映不同文化饮食喜好的食物，用各种语言唱歌、唱诵或吟诵诗歌，每天早上可以使用儿童所说的语言唱一首简单的"早安歌"。

注意儿童所处的文化、语言等方面的背景将会影响班级儿童的学习方式，并且会为他们提供与文化相关的支持。

了解每一个独特的学习者

了解你所在班级的文化背景很重要，但了解班级中每个人的不同优势、弱点、兴趣和需求同样重要。对每个儿童的家庭进行访谈或问卷调查可以获得对你的教学有帮助的重要信息。以下是一些可能会对你有所帮助的基本信息。

家庭住址：儿童住在哪里？住在什么样的房子（如公寓、独栋住宅、无家可归者收容所等）里？

家庭成员：儿童都有哪些家人？他们之间是什么关系？有兄弟姐妹吗？是否还有其他家庭成员？与其他家庭成员住在一起吗？儿童的主要照料者是谁？儿童是寄养的吗？

家庭工作情况：家里的成年人都做什么工作？他们的工作时间是在白天、晚上，还是周末？

家庭常规：儿童的家庭生活是怎样的？儿童晚上一般几点睡觉？他们接触电子屏幕的时间有多长？一家人一起吃饭吗？他们周末做什么？他们有机会接触书籍或进入图书馆吗？有哪些需要遵守的家庭规则吗？

关于孩子的家庭知识：儿童的主要照料者能告诉你孩子是哪种类型的学习者吗？他们能告诉你关于儿童学习阶段的相关信息（如孩子第一次走路、说话的时间等）吗？儿童（对于年龄较大的孩子）拥有什么样的技能和知识？照料者认为孩子的优点、弱点和需要是什么？儿童有什么样的兴趣？儿童在空闲时间最喜欢做什么？家长为儿童树立的目标是什么？

了解每个学习者的相关信息并不是为了窥探。相反，这是为了帮助教师向那些最了解儿童的人学习，从而关注到每个儿童的需要。

虽然从儿童的家庭中了解家庭住址、家庭成员及社区背景等相关信息是有帮助的，但观察教室里的每个儿童也是一个获得丰富信息的途径。教师需要倾听和观察儿童，以便根据其所见所闻来调整观察的侧重点。教师需要了解每个儿童的兴趣，以便能在儿童所处的教室里引发学习。教师需要对各种信号保持警觉，并根据自身能力做好反应和回应的准备（Cohen，Stern，Balaban，& Gropper，2015）。例如：由于幼儿通过具体的经验而非文字和符号的学习（并表述他们的学习）获得发展，教师需要知道幼儿对具体例子而非对文字的依赖程度，需要了解幼儿处理符号而非真实事物的能力。由于幼儿在逐渐理解幻想和现实之间的区别，教师需要了解幼儿思维客观性的深度和限度。

其他需要观察的重要部分包括儿童的生理自我、儿童与他人（包括同伴和成人）的交往方式、儿童的学习风格或偏爱的学习方式——加德纳称之为"智能"（Gardner，1983）。当然，教师还需要观察和理解每个儿童社交/情感方面的特征：儿童是外向的还是害羞内向的？他是领导者还是跟随者？儿童是如何表达情感的？她是如何集中注意力、坚持到底和规范自己的行为的？

如何记录每个儿童的个体差异？通过持续的观察、保留的学生记录和学生的实际作品等形式，教师可以对每个儿童的学习形成一幅独特的画像。这些积累的信息有助于计划适合儿童的学习经验，并有助于开发符合个别学生需要的课程。相关策略将在本书后面的章节中探讨。

第二部分

学习、课程与评估

第五章
将游戏、目的、标准和目标联系起来

> 我们生活的每一刻都是前所未有的，也永远不会重来。然而，我们在学校里教给儿童的是："2+2=4""巴黎是法国的首都"。我们应该教给他们的是他们自身。我们应该告诉儿童："你知道你是谁吗？你是一个奇迹。你是独一无二的。世界上没有一个孩子和你一模一样。在过去的数百万年里，从来没有一个孩子和你是一样的。你可能成为莎士比亚、米开朗基罗、贝多芬。你有能力做任何事。是的，你是一个奇迹。"
>
> ——帕布罗·卡萨尔斯

了解儿童如何学习，了解如何提供教室环境和安排时间表以支持儿童的学习，了解如何将学习经验与儿童生活的真实背景联系起来，这些都应该为教师提供一个坚实的基础，使他们能够创建适宜的支持性课程。然而，在开发课程时还需要考虑另一个重要因素——指导我们的工作的目的。

思考教学目的与教学目标

关注我们的工作目的有助于确保我们所做的工作始终符合这些目的。维托·佩龙（Vito Perrone，1991）敦促我们要牢记"大目的"，即考虑我们的教育目标是什么。如果我们坚持以培养能够帮助我们管理不断变化、充满挑战、复杂世界的学习者为目标,这类学习者需具有探究、权衡证据、考虑他人观点、形成深刻理解、将知识和技能应用于实际问题、创造性思考、提出和解决复杂问题、在学习过程中能够找到快乐等品质,那么我们就需要确保我们设计和使用的课堂活动能够体现并有助于实现这些目标。

游戏和积极体验的重要性

很久以前,被称为幼儿教育之父的弗里德里希·福禄贝尔(Friedrich Froebel)曾写道:"在(幼儿期)这个时候,游戏不是一件微不足道的事,它具有非常重要且深刻的意义……儿童自发的游戏揭示了个体未来的内心生活。"

儿童发展研究和理论一致认为,积极的、基于游戏的体验是培养儿童实现这些目的的最佳策略。要做好这一点,教师需要从儿童的兴趣中获得启发,并为儿童提供基于游戏的主动学习机会,从而培养儿童的探究能力、好奇心、动机和社会化。游戏是实现这些目标的重要途径。对儿童十分重要的许多技能和性格特征都被认为是通过游戏而不断发展的。游戏是"发展自我调节能力以及促进语言、认知和社会能力提升的重要载体"(Copple & Bredekamp, 2009, p.14)。研究还发现,游戏与记忆、自我调节能力、口语能力、社交技能和学业成功等基础能力之间存在联系(Copple & Bredekamp, 2009)。游戏是一种支持儿童学习和发展的自然而有力的方式。通过游戏,儿童可以获得早期学习指南中提到的技能和知识。

游戏、标准和有目的的教学

一些人认为游戏违背了学习指南及标准。他们认为,早期学习标准的存在使得创建一个以游戏为基础、具有发展适宜性的课堂是不可能的。本书提供了一个不同的视角：将指南/标准纳入幼儿课堂并不意味着需要削弱游戏的重要性。遵循早期学习指南并不一定意味着要从游戏转向说教式教学。其原因是，标准和指南并非要成为教授学。它们旨在为我们应该教什么提供指导和目标，而不是成为如何促进儿童学习的处方。"早期学习指南解决了在儿童早期发展中教师和提供者正在寻求的应为儿童提供'什么'支持的问题，游戏涉及具体的教授途径或我们如何引导儿童发展……"（Kagan，Scott-Little，& Frelow，2009，p. 22）。

以游戏为基础的学习支持策略符合儿童的学习方式。因此，它可以成为一种有效的方法，用来帮助组织机构/团体（地区、州或国家专业协会）制定学习者应该知道和能够做到的外部期望/标准/指南。然而，重要的是要记住，为了做到这一点，学习标准和目标必须是现实可行的。也许这就是导致有些标准被拒绝的原因。一些州和地区已经明确提出了早期学习标准，对儿童提出过高过快的期望，尽管我们已经知道儿童发展的速度和方式存在差异，但它们却并未提供针对不同发展速度和方式的差异性标准。因此，标准和目标需要被仔细审查，以确保符合对儿童如何学习的认识。

提供具有发展适宜性的目标和标准以支持儿童学习的一个有意义的方法是，在儿童所知道和能做的基础上整合学科，让儿童在有意义和有目的的环境中，在他们自身独特的发展连续体上参与学科知识的学习。例如：当儿童用积木建造房屋时，他们对形状和大小的感觉会增强，对重量和平衡的理解也会增强；当儿童在积木区或角色扮演区制作标识、在美工桌上画画或书写、在科学桌上记录观察结果时，他们就获得了读写的技能；当儿童在活动区交流想法、提出问题、协商问题、轮流活动及共同工作时，他们在语言以及社会情感发展等方面都会有所收获。不同发展水平的儿童可以并肩工作，一起学习，在实现多重标准的目标上取得进步。

以游戏为基础的学习，有助于促进学习者达到专业而清晰的标准/指南中建议的学习目标。教师可以通过改变他们的想法和行动来实现这些目标——

从将以游戏为基础的环境视为唯一的"放手支持",转变为将一些以游戏为基础的体验活动视为儿童接触早期学习指南所阐明的技能和知识的机会。这种有意识地将技能培养渗透于游戏的做法要求界定教师的角色——教师应致力于促进儿童的活动与互动,这样不但能为儿童在游戏中获得社会情感方面的发展提供支持,而且有助于儿童掌握所需技能并构建自身对关键概念的理解。

在这种游戏观的背景下,确保和促进儿童的最佳学习需要三种教学方法:在学习中心儿童通过驱动的探索进行学习,通过显性的集中教学进行学习,通过课程研究进行学习。前两种方法将在本章中进行讨论,第三种方法将在下一章中进行讨论。

通过自我驱动的区域探索进行学习

如前所述,支持儿童学习的最有效方法是儿童在活动区进行自我驱动的主动式探索。儿童的探索发生在教师每日提供的"自选时间"内,并通过贯穿全天的跨学科主题延伸活动进行。在这些环境中的经验和项目活动涉及各个领域(身体的、社会的、语言的、审美的和认知的)及所有学科领域,能够帮助儿童在所学知识与现实之间建立起有意义的连接,为儿童提供将所学知识应用于现实世界的机会,同时提升儿童的理解力并激发其强烈的学习渴望。为了以最佳方式利用这些区域,教师需要清楚地了解这些区域可能蕴含的知识与技能,然后有意识地帮助儿童充分利用区域所提供的全部学习资源。下面是对不同活动区内可能发生的学科学习类型的讨论。

积木区。在积木区,儿童在积木块上实验平衡与稳定的过程中,移动着身体并发展自身的敏捷性。当儿童将自身对学科知识的理解与其所搭建的建筑物联系起来时,他们的认知能力获得发展。例如:当儿童根据积木块的大小与形状进行分类、逐步熟悉几何形状、不断丰富自己的搭建时,他们对数学和科学的理解也在不断增强;当儿童重新设计或创建与当前研究主题相关的结构时,其对社会学科的理解不断增强;当儿童讨论彼此的想法,并根据他们所创造的结构制作标志时，其语言和读写技能得到实践；当儿童提出和修改建筑计划并合作和协商时，其社会/情感发展也得到了支持。

同样，教室的其他活动区也在多领域支持儿童的发展。

角色扮演区。通过角色扮演，儿童能够学习社会/情感技能，并形成对所遇到的知识和信息的理解。当儿童游戏时，他们会综合已有的经验，实践他们对可接受的社会关系的理解，这会展现出他们的兴趣与困惑。当儿童即兴扮演角色和创设情境时，他们的认知思维得以发展，这为儿童学习阅读、书写故事及理解数学的复杂性提供了支持。

美工区。在美工区（也可能附设一个橡皮泥/黏土区），儿童有机会在无风险的环境中表达自己的感受、想法和理解，并通过各种材料尝试多种艺术技巧。当儿童使用美工区储存的材料进行切割、绘画和雕刻时，他们获得了练习多种技能的机会，如：使用剪刀和订书机，用胶粘和使用胶带，学习不同的折叠和撕纸方法，用蜡笔、铅笔、马克笔和钢笔作画和写字，使用打孔机，使用水彩、蛋彩、亚克力、手指等不同的工具或材料作画，用发现的材料、黏土、木屑和其他拼贴材料建造雕塑等。美工区可以帮助儿童发展创造力、自信心、解决问题的能力、毅力、非语言沟通能力、专注力、自尊感以及接受建设性反馈和合作的能力。

书写/绘画区。书写/绘画区与美工紧密相连，尤其是在年纪最小的儿童的班级中。这是因为儿童文字能力起步的表现为绘画。当儿童有能力结合象征性的印刷符号表达自己的观点时，标记、字母、单词和句子开始出现在他们的图画中。支持幼儿将表达的想法与字母和单词的象征性形式进行联系的材料应该被有策略地放置于本区域内，这些材料包括书写用具（铅笔、蜡笔、马克笔、钢笔）、不同种类的纸、便笺簿及日记本、邮票便笺簿和邮票等。

科学区。在科学区，可能有一个沙水桌，儿童有机会进行实验、调查、观察和质疑他们周围的世界。科学区应存放诸如分类托盘、放大镜、漏斗、量杯和勺子、不同尺寸的容器、滴管、天平、温度计和记录材料（剪贴板、日记、钢笔和马克笔）等一系列材料。为帮助儿童观察和互动，科学区可以展示各种各样的自然材料，材料设置应根据一年中的时间、儿童的兴趣和话题以及他们的旅行和经历而有所变化。这些材料可能包括：树叶、橡子、豆荚、南瓜和葫芦；贝壳和岩石；动物，如蜗牛、蠕虫和豚鼠；无生命物体，如齿轮和其他小型机器。通过探索和操作这些材料，儿童能够获得观察和记录数据，理解体积、重量和大小，以及学习事物如何工作的具体经验。他们参与了国家科学标准（Next Generation Science Standards，2016）中明确提出的实践：提出问题和定义问题，规划和开展调查，分析和解释数据，使用数学和计算思维，构建解释和设计解决方案，根据证据进行辩论，获取、评估和交流信息。

烹饪区。烹饪区是科学区的延伸，儿童在烹饪区也可以学到科学概念（如当液体被加热时会变成气体，当固体材料与水或油混合时会被溶解等）。烹饪食谱为儿童提供了阅读和书写的机会，并提供了包括测量、分数、重量、体积等数学概念的具体经验。

数学/操作区。在数学/操作区，儿童可以获得操作材料的机会，能够发展数学学习的能动性和自信心（Clements & Sarama，2011）。儿童可以通过操作材料学习计数、数据分析、测量、数字运算、数感、形状、模式、集合以及空间关系等的基本概念，培养数学推理能力（Early Math Collaborative，Erikson Tnstitute，2014）。同时，诸如形状积木片、属性块、几何板、时钟和计时器、拼图、吸管和连接器等材料可以帮助儿童探索、实践和巩固对基本概念的理解。

阅读区。儿童可以独立使用的阅读区是每个教室的重要组成部分。在托儿所或幼儿园中，教室中的阅读区应是一个学生可以看或"阅读"书籍的地方，包含与当前课程主题或研究（动物研究、特定作者的研究等）密切相关的书籍，并且这些书籍经过特意挑选、被放在儿童容易够得着的展示书架上。随着儿童年级的升高，阅读区还应包含按难度级别用不同颜色对图书进行分类的收纳箱，以及按兴趣话题和类别进行分类的带标签的箱子。通常阅读区围绕可以容纳全班儿童聚集在一起召开小组会议的会议区而建，同时是一个

幼儿可以坐下来阅读的区域。在这里，儿童可以找到各种各样的信息文本、故事和诗歌。当探索不同的文本时，儿童能够培养自己的阅读技术和技巧，从提供有价值信息的文本中学习，培养阅读热情。

通过在主动学习教室中的不同活动区所获得的全部经验，学科内容知识和技能的拓展在不断发生。活动区作为有意义、有目的的经验环境，为儿童提供了接触、学习和实践重要知识和技能的丰富机会。

通过集中教学进行学习

教室里的集中教学活动在支持儿童学习方面发挥着重要作用。集中教学的频率随着儿童年级的升高而增加。但是所有的儿童都可以从教师阅读书籍、引导讨论或向儿童介绍精心规划的主题、技能或信息的班级集体会议中受益。这些例子包括向儿童介绍作者的作品，或教授一节关于标点符号（句号、感叹号或问号）的微型课。

与技能学习相关的指导和支持也可以在指定的教学时间内进行［如学科识字模块（后面章节将详细介绍）、数学研讨会或课程表中设置的科学、社会研究或其他学科学习的时间］。

当教师在教室里走来走去的时候，他（她）可以在区域活动时间或自选时间为个别儿童提供有目的的指导。例如：在游戏过程中帮助孩子制定策略，或者当帮助儿童在积木区写指示牌时，教师可能会关注到儿童的技能水平。在为独立的阅读和书写而安排的活动中，也有很多机会进行集体教学（如写日记或在阅读区的时间）。在这里，当儿童正在写日记、更新阅读的文本列表或者给朋友和家人制作卡片时，教师可以帮助儿童读出某个单词，或者引导她从教室里的印刷品（班级列表、单词墙或其他图表）中找到某个单词。其他学科的学习亦是如此：教师可以通过引导儿童关注积木区中不同形状和大小的积木块，或者在将固体和液体进行混合或烘烤面包时，针对有关物质变化的科学现象对集体提问，以此帮助儿童加深对数理知识的理解。在这种情况下，提高学习效果的关键是教师的评论和所提出的问题。教师需要利用可教时刻，提出问题并做出评论，引导学习者仔细观察，思考原因，并发现通向答案的路径。

下一章将举例说明教师如何在活动区平衡指导儿童的工作，促进全班儿童的探究与学习，并通过这些积极的学习经验培养儿童的技能和丰富儿童的知识。

第六章
范妮班级的自选时间——在探究和游戏中学习

本章展现了在班级里教师如何进行儿童主导的主动学习活动，如何基于儿童兴趣进行全班的集体探究，如何在班级里培养技能和丰富儿童知识的图景。本章分享了一位学前班教师范妮·罗曼的工作，这位教师就职于纽约皇后区法拉盛市的一所公立小学——主动学习学校。

每日的自选时间为主动学习与探究提供机会

范妮·罗曼班级的孩子们每天在供应充足的活动区进行选择，班级为儿童提供了丰富的开放式体验的机会，引导儿童独立选择，儿童在决定自己学习的内容和方式方面具有发言权。每天早上会有一小时专门用于自选的时间。基于对选择促进学习概念的理解（Brophy, 2013; Cordova & Lepper, 1996; Stipek, 2002），范妮为儿童提供选择活动区的机会。可供儿童选择的区域包括积木区、角色扮演区、艺术区和建筑区、沙/水探索区、书写区、以数学和阅读为重点的桌面游戏区，以及为积木区提供装饰和辅助的区域。

晨会

一日的班级活动从晨会开始。在这段时间里，孩子们分享关于他们自己及其家庭的信息、关于学习主题的想法和疑问以及关于他们在理解所学技能和知识的过程中产生的问题。当会议结束时，他们会选择自己想在自选时间中进行活动的区域；在周一早上选择积木区的儿童应说明自己在该区域要进行何种为期一周的项目。积木建造者们在一周的开始就一起计划他们将要建造的东西，并将他们的初步想法画在位于该活动区角落的白板上（见图 6.1）。

图 6.1 积木建造者

孩子们每天都在建造，整整一个星期都沉浸于此。其他儿童选择在积木区的辅助区工作，在那里，他们通过在积木建筑中添加图纸、标志或积木来协助建造者。例如，一个建造小组在学校附近绘制并建造了一个机场，在积木区的辅助区工作的其他同班儿童则制造车辆、添加标志和制作机票。再如，当一个建造小组绘制和建造一个当地的图书馆时，其他儿童则会使用纸张和纸板制作书本和书架。

一项关于飞机的探究

在一学年中冬季的几个月里，班级里进行了一次关于飞机的探究。这项探究是对早秋时发起的一项鸟类探究的延伸。起因是一名幼儿把一本关于火烈鸟的书籍带到了学校。当他将书本内容大声念给全班孩子听后,班级孩子们提出了许多问题,如:"火烈鸟会飞吗?""是什么让一只鸟飞起来?"受孩子们兴趣的启发,范妮把许多关于鸟类的书籍和网络资源带进了教室。幼儿探索这些资源,在他们的对话中、书写中(包括事实和虚构)、绘画中及制作立体结构的鸟的过程中反思他们所学到的知识。在持续几周的探究后,一场关于"鸟为什么会飞"的班级对话又引起了班级幼儿对其他会飞的事物的好奇。

于是,一项关于飞机的研究应运而生。这项研究包括:阅读有关飞机和机场的资料,绘制图纸及探索飞机的三维结构,将角色扮演区改造成机场,前面提到的积木区也进行机场的建造,在室外散步时观察天空中的飞机,以及到附近的机场参观(见图6.2—图6.4)。

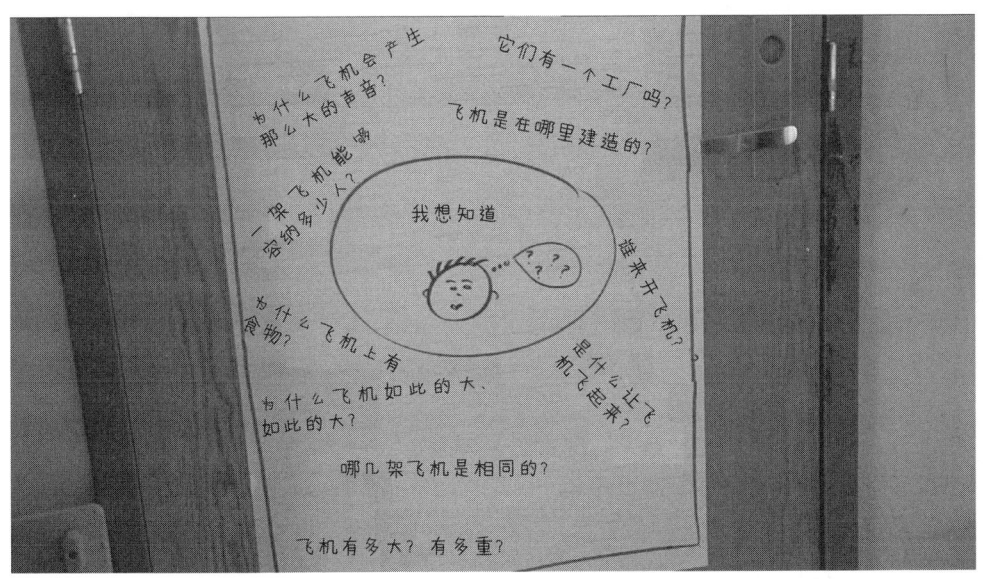

图6.2 "我想知道"图表

图 6.3 关于飞机的书籍

图 6.4 机场游戏

将校本标准与技能融入课程

范妮利用儿童的好奇、兴趣及发展性知识来为其提供积极的学习经验,并将其与现实世界的环境相联系,以培养儿童的学科知识和技能(包括书写、数学、阅读、社会研究、科学)(见图 6.5)。

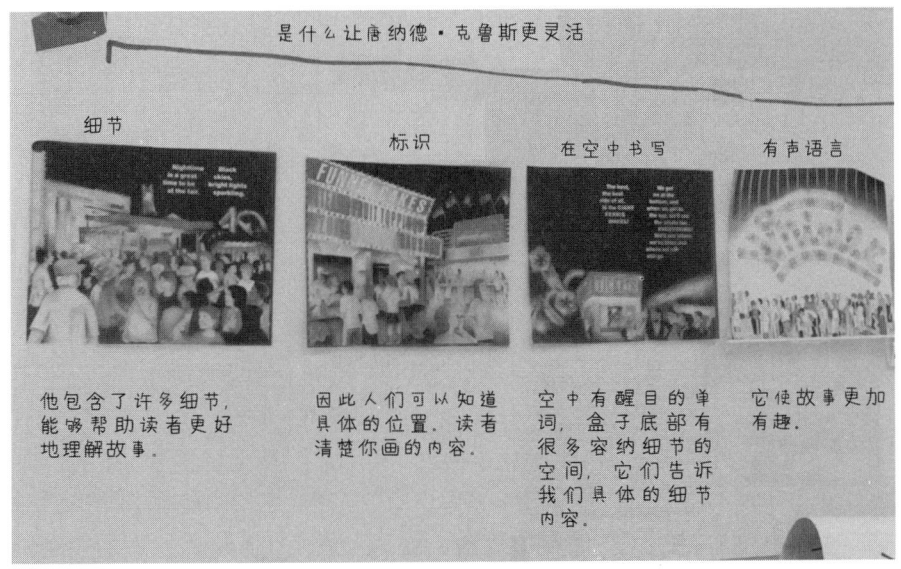

图 6.5　作者研究图表

在此过程中,范妮也能了解到每个学生的优势和需要注意的地方。在研究过程中,她在课堂常规中引入了"自主活动反思日记"。自选时间结束时及区域整理完成后,她让孩子们坐在桌子旁,在专门的日记本上书写或绘画他们在一天的自选时间里做了什么或学到了什么(见图 6.6)。

图 6.6　自选时间日记书写

反思日记的书写时间持续大约 10 分钟，随后则是全班分享会。在会上，教师每天都会挑选几个读写能力发展处于不同发展阶段的幼儿为代表，让他们展示并解释自己所写的东西（见图 6.7）。

图 6.7　自选时间日记分享

在每个幼儿表达完自己的演讲、问题、关注点及疑惑后，教师再对每个贡献者表示感谢并结束分享会。

通过这些方式，通过融合个人、小组和全班幼儿的互动和指导，范妮能够支持幼儿熟练掌握地区所要求的技能／知识，达到校本标准及目标，同时培养幼儿的自我效能感和批判能力。在以这种方式工作时，她展现出了对幼儿学习能力以及她"与学习者一起学习"（Weber，1991）的能力的信任，以此来建立和扩展她的计划课程。

基于儿童的实际与能力

范妮会有意识地关注班级中的儿童及其家庭的不同经历、资源和专长。

她的目标是与儿童的家庭建立紧密牢固的联系，其中绝大多数家庭都讲英语以外的语言。由于很多家长需要在白天工作，因此她通过时事通讯与幼儿父母及其他照料者交流关于当前研究的单元。她还邀请家长通过为班级的学习活动提供资源或参加晚上的学校会议来参与班级工作。例如：一名幼儿的母亲最近刚从原籍国旅行归来，为班级的飞机研究活动提供了登机牌。其他家庭成员寄来他们从每月的课程时事通讯中了解到的可用于课堂研究的物品。一名幼儿的父亲当观察到儿子在玩面团的桌子上熟练地制作假寿司后，表示他就是寿司厨师，随后被邀请参加学校的百日庆祝活动。他当时带来了100块寿司！

学校培养教师学习能力的系列支持

范妮认为是学校的支持，使她在课堂中开展丰富的学习活动成为可能。这归功于学校的校长及与教师们共同工作的专家顾问。其中一位顾问为如何将游戏和探究工作与读写和其他学术领域相结合提供了支持，另一位顾问则为分享、指导阅读以及其他文学相关活动提供了支持，还有一位顾问专注于数学领域。除此以外，校长还分配时间让教师们按年级开会，并以小组形式讨论课程。在讨论和记录期间，教师们进行了一个项目研究——检查他们的学习单元，寻找将问题纳入微型课以激发更多讨论的方法。

范妮承认，学校对她的支持中最重要的一点可能就是允许她让学生通过游戏学习。正如她在一次采访中所说："我被允许做所有这些事情，并且目前仍然保持着幼儿期游戏的完整性。我仍然能够适应这一切，并得心应手……这很重要，非常重要……我感到很幸运，我能把它融入班级的一日生活之中，并且知道这样是可以的……并不是每个学校都可以……他们（孩子们）很兴奋，非常兴奋地学习。这就是我每天的动力。孩子们总是会有一个想要弄清楚的问题。他们每天都做好了学习的准备，他们有如此丰富的好奇心，督促我不断前进，我不介意多走一段路，因为我很喜欢看到这一切的发生。"

通过主动学习提高 21 世纪所需技能

对范妮班级的描述说明了公立幼儿园如何为不同人群（其中许多人是移民、双语者和来自低收入家庭的人群）提供一个符合其文化背景及具有发展适宜性的学习环境。在这间教室中，教师并未采取普遍的传统方法——注重提升儿童的学业技能，以便他们能够"迎头赶上"具有更加丰富资源的同龄人，而是为幼儿发展和学习能够应对当前不断变化着的世界所需的技能和知识提供了一种可能的景象，这些技能和知识能够通过教室活动区、回应多样性、关注社会—情感发展的主动学习得以培养。对范妮工作的描述有助于增强我们对高质量早期学习是什么，以及如何在一个愉悦的环境中培养维持公平、公正的民主氛围所需的批判性/创造性思维、观点分享能力、社会/情感能力的理解。

第七章
跨学科课程学习

　　优秀的教师具有连通能力。他们能够在他们自己、他们的学科及他们的学生之间编织一张复杂的联系网，这样学生就能学习为自己编织一个世界。优秀教师所建立的联系能够持续，不在于他们使用的方法，而在于他们的内心，即古老意义上的心灵，是智力、情感、精神和意志在人类自我中汇聚的地方。

　　　　　　　　　　——帕克·J. 帕尔默，《教育的勇气》（1998, p. 11）

　　除了通过区域活动、班级课堂或非正式的集中教学外，推动知识和技能发展的一个有力工具是全班学生对一个主题或课题的研究或探究活动。[1] 无论课程是从学校/地区/州传承下来的，还是商业购买来的或是由教师自主设计的，跨学科学习为基于内容的学习以及在现实生活中运用技能和知识提供了丰富的机会。提供多学科经验的课程的案例来自对家庭、社区、植物及动物等的研究。无论研究的来源如何，教师的工作是通过在教室里完成以下任务，以确保强有力的学习发生。

- 在你对"儿童如何学习"的理解的基础上：以多种形式为儿童提供丰富的游戏和积极的体验活动，以培养儿童的问题意识和探究欲望。
- 参考你所在学校、地区或州的目标/标准/指南，并有意识地关注如何将其融入基于游戏的活动中。

---

[1] 本章中的一些观点是与我的书写兼思想伙伴南希·格罗珀（Nancy Gropper）及丽玛·肖尔（Rima Shore）为2016年6月17日于纽约市立学院举办的"与学习者一起学习"儿童早期教育工作者会议编写的文件中提出的。

- 以你对自己所教的具有独特性的儿童的了解为基础——已故的莉莲·韦伯（Lillian Weber）将其称为"与学习者一起学习"。

与学习者一起学习

"与学习者一起学习"对于提供"以学习者为中心"或"以儿童为中心"的课堂至关重要。然而，在教学中需要注意的一个方面是，当前学校和地区广泛使用预先设计的商业购买课程或地区授权课程。其中一些课程的设计考虑到了儿童的学习方式——儿童通过积极的、基于游戏的活动来学习，也考虑到了与早期学习标准和指南相联系。这里有一处争议，一个外部开发的课程本身永远不能完全回应作为其接受者的具有独特性的儿童。"与学习者一起学习"是将早期学习指南中对儿童的知识和技能发展的经验支持要求与学习者的理解、兴趣和需求相联系。"与学习者一起学习"是教师/照料者所做的事情，以确保向儿童提供的学习或支持是对他们的需求、兴趣、理解和背景的回应。这通过对儿童的密切观察来实现：他们在看什么？好奇心把他们带到了哪里？他们如何理解自己正在学习的东西？他们在学习的过程中表达了什么样的感受？

心理学家杰罗姆·布鲁纳（Jerome Bruner，1995）将其描述为"联合注意"，一种成年人和儿童之间的"心灵交汇"，以帮助年轻学习者体验自己的能动性，并为其提供更深入、更具吸引力和更细微的方式来了解世界和自己。神经科学家称之为"你来我往"（National Scientific Council on the Developing Child，2004），即儿童与照料他们的成年人之间的相互交往和回应的过程，研究证实这对儿童的健康发展至关重要。

对于教师来说，与学习者一起学习意味着不仅仅是遵循必修课程的脚本，甚至是依附于他们自己开发的课程（不管课程设计得有多好），而是确保教学是基于学习者的输入而形成的。这意味着基于学习者的情况引导他们不断前进，也意味着应为儿童创造能够不断延伸探索的环境和机会。

教师通过观察和注意学习者，领悟他们所看到的世界，尊重和认识他们的实际情况以及回应他们的感受和意图，以此了解如何与学习者一起学习。这样，教师可以根据他们对所教儿童的了解，知晓和塑造未来的教学和照料方式。将这种方法确立为一种重要实践，将加强对儿童优化发展的支持。这一过程的关键是密切观察和联系被服务者。这一观点将在本书的后面进一步阐述。

自主设计课程与使用预先设计的课程

许多学校和地区要求使用预先设计的课程单元。这些课程包括具有发展适宜性且与文化相关的计划，这些计划结合了当前关于儿童如何学习的知识以及对强调灌输性教学、死记硬背、孤立的技能发展和不适合儿童的主题脚本的关注。

在预先设计的课程中与学习者一起学习

如前所述，几乎任何预先设计的课程，无论多么"好"，都可以通过"与学习者一起学习"得到加强。关键是要确保儿童理解所呈现的内容，并且这些内容是在能够反映他们现实情况的背景下形成的。不要仅仅跟随计划脚本实施。将新信息与儿童的经历、文化和社区相联系。提出问题并检查他们的工作，以确保儿童在继续推进之前掌握了所教授的东西。探寻贴近幼儿想法的方法，以便能够提出更多的想法和问题以支持所有学生理解并吸收新知识。在可能的情况下，为幼儿提供主动学习的经验，以帮助儿童构建新知识。

这一过程所需的时间往往比学校和地区制定的日程表上设定的时间要长。学习者需要时间和耐心，才能有机会把事情弄明白，把材料和想法"打乱"（Hawkins，1965），不断试误，这也是教师了解学习者思维的一个重要窗口，为儿童下一步的学习提供指导和构建支架的机会。仅仅获得正确答案是远远不够的。教育工作者的目标是确保学习者知道他们为什么要做他们所做的事情，并且理解其基本概念。

这里的关键是教师在实施课程时需要具备灵活性。因此，如果你被要求教授规定的课程，下面是确保你让儿童参与工作的一些建议。

首先，弄清楚儿童对要学习主题的了解情况。在课堂上做一个 KWL 表［我们知道（know）什么，我们想（want）知道什么，我们学（learned）到了什么］（表 7.1）是一种有效的开始方法。

表 7.1　KWL 表

我们知道什么	我们想知道什么	我们学到了什么

这个表可以作为课堂学习的记录表，记录儿童以前学习的知识和经历以及他们的疑惑和兴趣。随着学习进程的发展，该表记录了儿童所获得的新知识，并成为班级学习进程的一部分。在班会讨论中，教师可以记录孩子们已经知道的东西。即使儿童说的他们所知道的事情可能是不正确的，也应该被记录下来，以便在以后填写"我们学到了什么"一栏时可以参考这些"误解"。

让儿童参与工作的另一种方式是尽可能为他们提供选择的机会。例如：如果你被要求研究动物栖息地（如第十一章所介绍的一项关于布朗克斯河的研究），那么应允许班级儿童选择要研究的动物，并让所有儿童选择他们想成为什么样的动物专家。

在你从一项规定的活动转到下一个活动之前，应先了解和追问儿童的问题。例如（同出自第十一章的关于布朗克斯河的研究），如果你正在研究这条河，并且发现了一个关于河流速度的问题，那么就需要为儿童设计一个实践经验来解决这个问题。一种有效的方法是带领儿童到河边去旅行，计算一片叶子从河上的一个点到另一个点需要多长时间。

在规定的课程范围内,应根据儿童的兴趣延伸活动或探究。例如:在埃玛·马卡里安(Emma Markarian)班级的社区研究中(在下一章中有描述),孩子们在散步后对地铁站产生了兴趣。为回应儿童的兴趣,埃玛创造了一套追加的学习经验,以帮助儿童更加深入地探索地铁站。

在自主设计的课程中融入学习者

如果你有幸身处一个允许自主设计课程的环境中,那么上一节讨论的指导原则同样适用。课堂学习的中心主题或重点可以通过多种方式进行选择。例如:根据学校/地区的要求(要求的单元或标准)、班级中出现的你认为值得跟踪的问题或你认为可以为儿童带来丰富的学习机会的兴趣或想法。

为了帮助你制订计划,请认真思考以下过程:在确定主题后,创建一个如前所述的 KWL 表、一个记录儿童所有问题的"我们想知道什么"表或一个记录儿童认为与主题相关的所有内容领域的网络图(见图 7.1)。

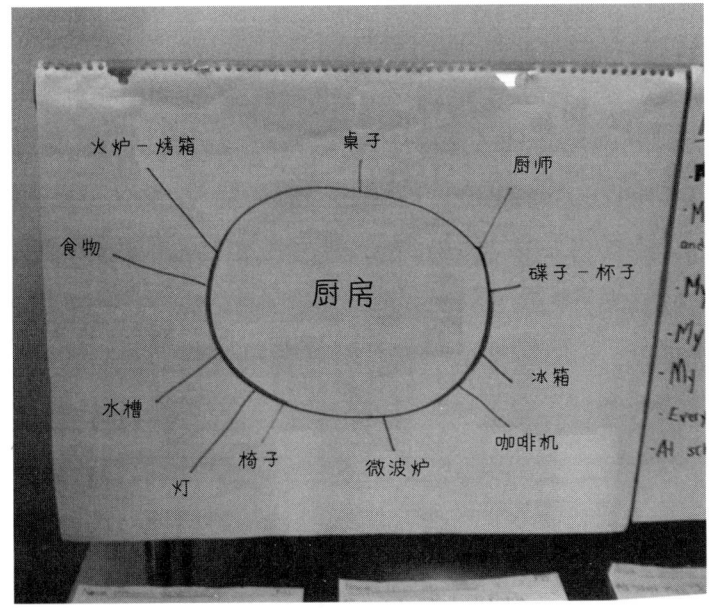

图 7.1　"我们知道什么"网络图

然后，开始计划你想为班级儿童提供的一系列学习经验。在一页纸的中间画一个圆圈，写下学习主题。画出所有不同学科内容领域的辐射线，并将能够通过这个特定主题在每个知识性学科中解决或学习的内容记下来。

接下来，制作一张图，列出所有不同的内容领域和你能够为班级提供的经验，这能帮助儿童接触到不同内容领域的技能和信息。

最后，制作另一张图，以展示你在不同内容领域（如社会、情感和生理发展）所遵循的标准。

关于如何做到这一点的例子，如图7.2、图7.3和7.4，显示的是一项对餐厅的研究，该研究是一个学前班对邻里/社区研究的延伸。

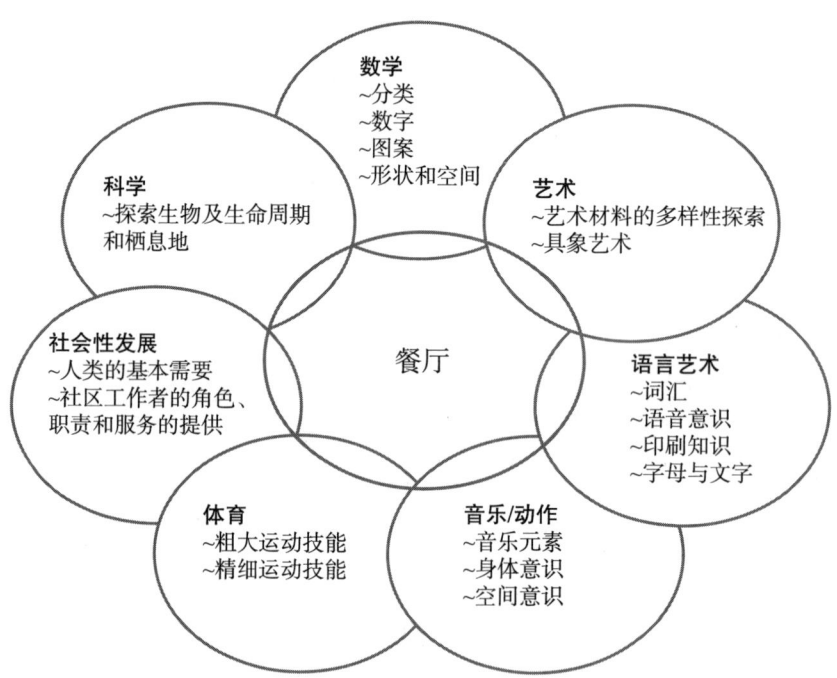

图7.2　与主题相关联的领域知识网络图

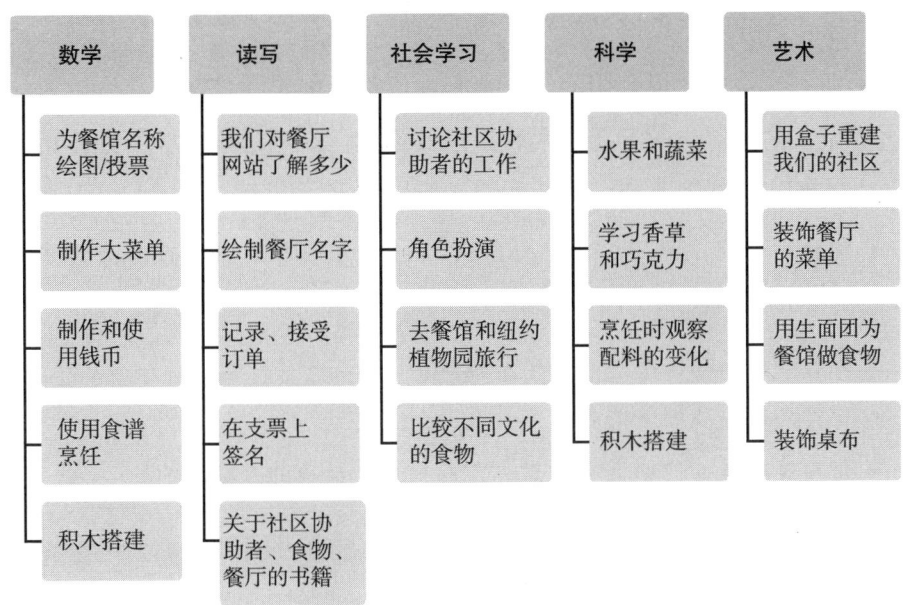

图 7.3 不同领域的学习经验

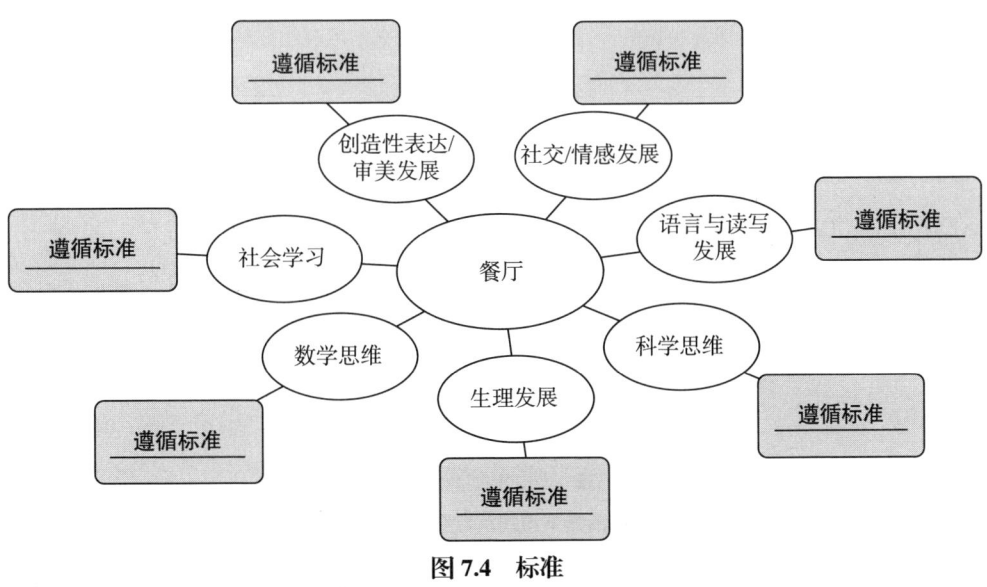

图 7.4 标准

以这种方式进行规划将确保你能支持学生学习的完整性,并将你任职的学校/地区/社区的标准/期望/目标纳入考虑的范畴。这样,你就会成为一名专注于学生学习过程中所有重要内容的教师。

当你开始考虑你想提供的每一项经验时，制订一个学习经验计划可能会很有帮助。这是一个很有用的过程，它可以帮助你思考你在做什么、为什么要这样做、它如何与学习者产生联系以及你如何知道这段经验发挥作用。该计划应解决以下问题：

- 你计划的整个学习的"中心焦点"（主题、目标、目的或总体想法）是什么？
- 你将遵循的地区或州的标准是什么？
- 你计划的每项经验的目标是什么？
- 每项经验是如何建立在儿童先前的知识和经验的基础上的？
- 你将采取什么策略来确保你能满足不同类型的学习者及其需求？
- 每项经验需要哪些资源和材料？
- 通过这些经验，你将为儿童的词汇发展提供怎样的支持？
- 你将如何评估班级中的儿童在做什么，以便追踪他们的进步？

表7.2 提供了一种记录你对上述问题的回应的方法。表格的上面部分是你的整体研究，表格的下面部分是针对每一项学习经验都需要填写的问题。在你起草计划时花点时间回答这些问题，将确保你在推进和支持学习者学习的过程中注意到他们的独特理解和经验。然而，明智的做法是仅仅将这些计划视为草图，并根据学习者在班级中的问题、兴趣、学习速度和行动加以修改。只有这样，你才能真正了解儿童的学习需求。

表 7.2 学习经验计划模板

请在下方填写完整研究	
学习的中心焦点（主题、目标、目的、总体想法）	研究中遵循的标准
词汇学习：在整个学习环节中，将引入/发展/支持哪些词汇？（3~5 项经验中至少有一项应提供发展、实践和/或使用针对该部分确定的目标词汇的机会。）	
请在下方填写您的研究中的每一项学习经验	
学习经验计划 #（　）	

（续表）

组成部分	解释说明
1. 描述一下学习经验：你和儿童将做什么？	
2. 这项经验的具体学习目标是什么？	
3. 这项经验是如何建立在儿童先前的知识和经验的基础上的？	
4. 你会采取何种教学策略来回应不同儿童的需求？你将为有特殊需要的儿童（如果有的话）提供哪些支持或便利？	
5. 你将使用哪些资源和材料？	
6. 你会采用何种方法来评估儿童在这项经验中的学习（"非正式的"，比如观察记录、音频或视频；"正式的"，比如核查表、等级评定表等）？	

接下来的两章提供的例子说明了融入学习者的课程是如何使用上述工具的。第一个例子叙述了一项研究，该研究是在必修课程中由学生提出的问题而产生的。第二个例子描述了一个由教师设计的研究，它来源于教师的观察和对班级儿童兴趣的回应。

第八章
在必修课程中融入学习者
——埃玛班级关于地铁的探究

本章以纽约市公立学校的教学为例,该学校位于一个为来自多元文化和语言背景的幼儿提供服务的高需求社区。尽管教师埃玛·马卡里安有必要学习一门必修课,但她知道如何以回应学生的方式改进教学,并将标准中规定的技能和知识注入有意义的和有目的的经验学习之中。

作为对社区这一较大主题研究的一部分,埃玛利用自己所了解的"儿童的兴趣是学习的动力"的知识,邀请儿童投票决定他们想要深入研究社区的哪一方面(见图8.1)。

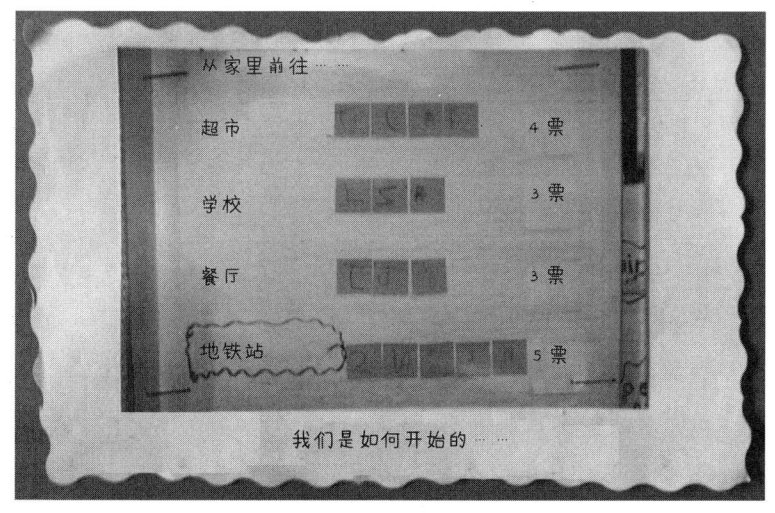

图8.1 投票结果

大家一致选择了地铁站。全班儿童从阅读有关地铁的书籍开始展开他们的研究（见图 8.2）。

图 8.2　地铁的相关书籍

然后他们步行到学校附近的地铁站。一回来，他们就把对地铁的了解绘制成图（见图 8.3）。

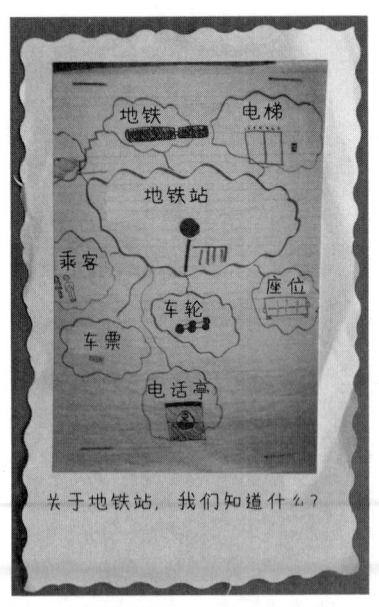

图 8.3　关于地铁站，我们知道什么？

在其他的班级会议上,孩子们讨论了不同的交通方式,制作了一张他们去祖母家所使用的交通图(见图8.4)。

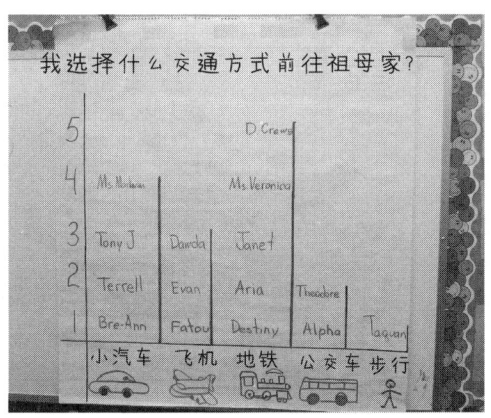

图8.4　我们如何到达祖母家?

在接下来的几天里,全班儿童通过在教室的角色扮演区建造一个地铁站来体现他们从阅读和旅行中学到的知识。孩子们为不同路线的地铁制作了地铁路线图(见图8.5)和标识牌(见图8.6)。

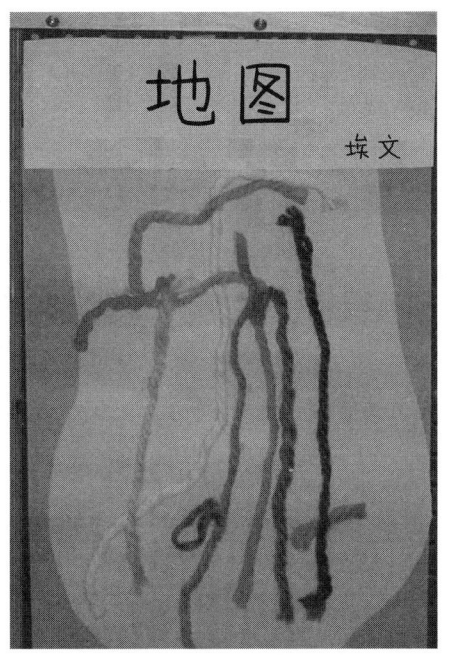

图8.5　地铁路线图

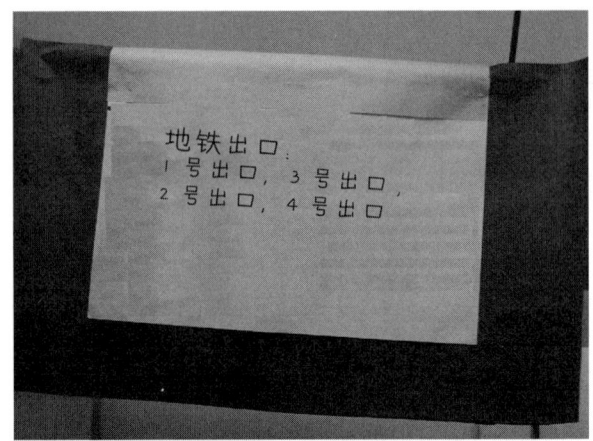

图 8.6　地铁标识牌

他们制作了自己的地铁卡,并在自己建造的售票亭用模拟钱币进行交易(见图 8.7)。

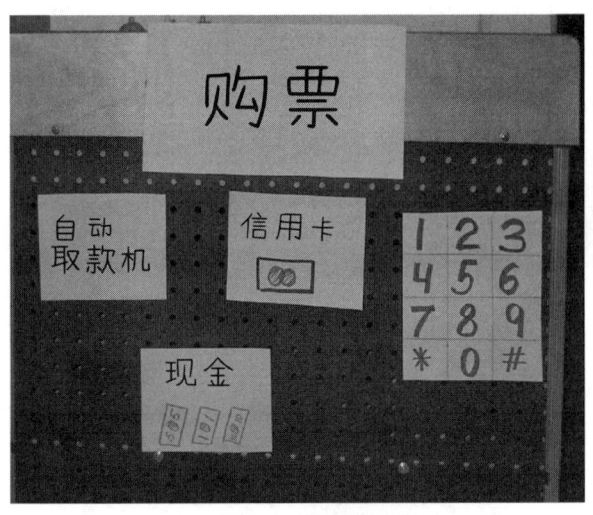

图 8.7　售票亭

他们绘制了地铁站墙上的广告,并"出版"了一份在真正的地铁站可以获得的免费报纸的仿制品。孩子们还通过在教室的积木区搭建地铁线结构来展示他们学到的东西(见图 8.8)。

图 8.8 积木搭建

同样，他们在美工区和书写区创作的文字作品和绘画以及他们在班会上朗诵的歌曲、圣歌和诗歌，均展示了他们学到的关于地铁的知识。角色扮演区完工的"地铁站"如图 8.9 所示。

图 8.9 角色扮演区中的"地铁站"

融入学习者的关键特征

埃玛通过深入挖掘必修课程的漏洞打造了如此引人入胜的研究，以适应学习者的经验。她将孩子们的兴趣和背景知识（地铁和他们的社区）转化为有意义和目的的活动,有意识地引入了新的知识和技能(以标准为指导),并为学习者提供机会进行探究和批判性思考。每项活动都是基于她对儿童如何朝着总体目标前进的评估来构建的:在研究阅读、对话和书写经验(制作地铁标识和广告、地铁卡、报纸等)中注入读写技能;数学学习体现在记录投票结果的图中以及在角色扮演区中的地铁售票亭使用模拟钱币;社会科学知识是通过探索和注意社会细节而发展起来的。当孩子们倾听并轮流参与项目时,他们的社会/情感能力得到了培养。

该研究中不同类型的活动是有意设计出来的,目的是为具有不同优势和处于不同发展阶段的儿童提供机会,以展示他们知道什么和能够做什么,并以自己的速度发展技能。因此,举例来说:刚开始学习书写的儿童有很多机会对研究中的重要词汇进行绘制和语音拼写,或者通过查阅课堂制作的图表来了解这些单词的常规拼写;已经能够独立阅读和书写的幼儿有机会通过阅读额外的文本或完成为扩展特定技能而设计的书写任务来进一步发展自己。

这类教学如何发生

要以上述的方式进行教学,教育工作者需要拥有渊博的知识和娴熟的技能,并致力于确保所有儿童都能参与学习。他们需要深入理解学习和发展,并利用这些理解来创造学习经验,这些经验建立在儿童已有的知识基础上并与之结合。当按照标准指导教学时,他们需要记住更宏观的教育目的:

(创造)有能力做新事情的男性和女性都是有创造性的、有创新性的发现者,而不会简单地重复别人做过的事情。他们能够批判、能够验证,而不是被动地接受提供给他们的一切(Piaget,1978,p.80)。

一些在学校中从事这类教学工作的教师能对这些目的产生共鸣。其他没有经历过这种环境的教师往往发现自己在孤军奋战,在面临强制性或以统一方式产生同样发展结果的剧本式课程时，他们试图坚持自己的价值观。但许多教师意识到，有时必修课程或剧本式课程（即使以综合主题学习单元的形式），都不能取代专门为与所教儿童的先前经验和理解相联系而量身定做的教学。因此，他们通过对必修课程进行延伸、转向、详细说明或与必修课程融合，以开发建立在学生的想法、兴趣和优势基础之上、有意义、有目的和积极的经验。

这类教学是确保所有儿童都能接受高质量教育所必需的。为了实现这类教学，我们需要培养教师的能力，使之能够对儿童及其多样化的学习方式做出回应，包括通过年级小组会议、教练的支持、全校学习小组以及其他类似的机会，为教师提供机会——通过与专业团体中的其他人分享，从而丰富自己的思维，提高自身的技能。当教师获得这样的支持时，她们就拥有在整个教育系统中保持持续学习能力的条件。

在多样化的公立学校环境中实现这类教学是可能的。本书中所描述的教学案例为此提供了积极的证据。现在的挑战是如何获得资源和意愿，使之大规模地实现。让我们国家所有学校的儿童都做好准备，使他们在复杂多变的未来世界中取得成功，这是我们最大的愿望。

第九章
在教师设计的课程中与学习者并肩成长
——伊冯娜班级关于"变化"的研究

本章描述了一项教师设计的研究,该研究来自教师对班级儿童兴趣点的观察和回应。本章分享了纽约市东哈莱姆区中央公园东一号的公立小学学前班教师伊冯娜·史密斯(Yvonne Smith)的工作。

为主动学习规划教室

伊冯娜的教室被规划成不同的活动区,涉及角色扮演、积木、图书、数学、科学、绘画和写作、图画、艺术与建筑、沙水游戏、橡皮泥/黏土、烹饪、缝纫和宠物豚鼠等特色内容。

伊冯娜强调了这种规划对支持儿童主动学习、合作及能动性的重要性:

教室的规划与设置使儿童尽可能独立。设置能够让儿童两人一组、小组和集体工作的空间。架子和所有东西都贴了标签,这样儿童就可以找到他们需要的东西,同时可以自己清理和打扫。

每日自选时间为课程提供源泉

每天的日程安排既是工作的框架，也是儿童可预见的指南。日程表的核心是自选时间，每天的时长是一小时。基于对选择驱动学习的理解（Brophy，2013；Cordova & Lepper，1996；Stipek，2002），伊冯娜为儿童提供了自由选择的机会。她解释道：

从开学第一天起，我们就有自选时间。我们问孩子们，"你们想在哪里工作？"……这其实是在告诉他们，我们——教室里的成年人——认为他们有能力选择自己想要的工作地点和工作方式。

儿童需要亲自操作材料的活动。不是"我说，你听，你重复"，而是"你正在发现，你正在与你的同伴分享"，教师的角色支持他们这样做。我的工作……就是支持他们问一些他们明显会问的问题，支持他们问一些他们可能会有却不一定会问、但通过他们的行动我们可以看出的问题，以及一些我认为对他们来说很重要的问题。

联结儿童的兴趣与问题

伊冯娜班级的课程设置建立在联结儿童的理解、兴趣、问题和需求的基础上。

当看到优质的幼儿课程时，我就会思考："我该如何把它带进我的教室，让它涵盖3—5岁儿童需要学习的知识，同时以一种完全适合儿童发展水平的方式来实施？"

伊冯娜在秋季开始了一项以"变化"为主题的研究活动，这一项研究活动与儿童的理解、兴趣、问题和需求相联系。她解释说：

如果有人问我，我们在学什么，我总是说"变化"，因为对孩子们来说，学校是崭新的经历……在年初，我们谈论相同和不同的事物，因此从一开始我就要求他们去思考、去观察、去注意。对于"注意"这个词，应该告诉儿童里面包含的一些内容，即不仅仅是"告诉我你看到了什么"，而是"告诉我你在思考什么，你开始对什么有了疑问和思考"……当听到他们所说的话，以及他们看待事物的方式时，我开始了解他们是怎样的思考者和学习者。

教室里有很多书籍和具体的材料……我们开始探索……我们在学校周围的公园和院子里，孩子们观察发生了什么，他们注意到季节的变化。他们对这一切是如何发生的以及为什么会发生持有疑问……试图找出并创设一个环境来描述现在发生在他们身上的事，他们注意到以前发生过的事情，以及他们知道将来会发生的事情。当我看到他们是如何做的，遇到了什么问题时，我就知道如何支持他们了解更多的事情，如何回答他们的问题，以及为他们需要知道的事情做好准备。

"变化"主题的研究进程

随着时间的推移，对"变化"的研究不断深入，树叶的颜色也发生了变化，并且从树上脱落下来。全班儿童去摘苹果，发现了另一个变化——种子变成了苹果。后来，一个南瓜被带进了教室。孩子们把它雕刻成南瓜灯，观察它随着时间的流逝会发生什么变化。他们注意到它如何开始萎缩，液体如何在里面形成，霉菌如何生长，以及被孩子们称为"毛虫"（实际上是苍蝇）的东西如何开始在里面生活。

他们学习诸如"腐烂"和"分解"这类的词汇。他们对南瓜变化的原因进行了假设，意识到有一个变化周期在它的内部发生，并讨论了是否应该把腐烂的南瓜扔掉。一个孩子建议把它放在学校的花园里，全班同学都同意。他们把南瓜带到了那里，定期检查它是否在继续腐烂。通过这次调查，他们了解到了另一个变化周期——南瓜最终会与土壤融合，并成为它的养料。通过这次经历，全班儿童共同构建了对堆肥的理解。

与此同时，教室里的"自然区"还保留着一个未切割的南瓜。在班会上，孩子们思考为什么这个南瓜完好无损，没有腐烂。这些对话持续了整个冬天，最终把全班儿童带到了另一项关于如何保持身体健康的研究中。"这就是把这些东西留在这里的原因，"伊冯娜解释说，"这不是一次性交易，然后我们就结束了。而是'让我们把它留在这里，看看会产生什么问题，当我们再次回到这里时会注意到什么'。"（见图9.1）

图9.1　关于南瓜的照片

支持儿童学习的教学

尽管这些年来标准和课程发生了变化，但是伊冯娜相信儿童的学习方式是不变的。

有很多关于课程与课程来源的讨论。目前的标准是共同核心（Common Core State Standards，2015）。尽管课程不断变化，但3—5岁儿童的基本情况没有多大的变化。世界变了，他们生活的世界变了，他们所了解和经历的东西也变了。但是他们解决问题的方式和提问并没有改变。对我来说，记住这些并坚持下去是很重要的，因为孩子们仍然需要材料、时间和支持来实现自己的发现并与他人分享这些发现。我们需要真正与他们并肩而行，并为他们提供支持。

为了帮助儿童"弄清楚事情"和"自己去发现"，伊冯娜采用了一系列策略，包括鼓励儿童解决问题，邀请儿童注意他们周围的事物，询问他们是如何获得他们所知道的东西的，并将技能融入实践操作。

运用提问鼓励儿童解决问题

"问题"在伊冯娜的教学中扮演着重要角色。她的目的是培养儿童的批判性思维和解决问题的能力。她解释说：

在积木区里，如果某幼儿搭建的建筑一直倒塌，那么我会问他，"我注意到你正试图让这些积木立起来。你还有其他的方法把它们组合在一起并让它们立起来吗？"。我向他们提出的问题表明，还有其他的方法可以解决问题。但我不会告诉他们其他的方法是什么。我希望他们能够自己弄明白。

邀请儿童注意

伊冯娜支持儿童学习的另一种方式是邀请孩子们去观察、去注意，她会提问：

当红色和黄色混合，或者蓝色和红色混合时，你注意到了什么？（我问这个问题）这样他们就能看到，当颜料聚集在一起的时候会发生一些变化，看看他们是否能弄明白这是什么。对一个成年人来说，如果你把红色颜料和黄色颜料混在一起，你会得到橙色，这似乎是显而易见的。但对于3岁或4岁的孩子来说，这是一个巨大的发现。（我的目标是）他们能够给它命名……能够让同样的事情发生，并对它有一定的控制，同时对他们使用这些材料的行为得出一些结论。

正如伊冯娜解释的那样，这样做的目的是强调仔细观察是一项有价值的工作：

对我来说，当你告诉孩子们坐下来，仔细观察一些东西的时候，是很神奇的……他们看得多仔细，看得多认真！有人曾经说过："我从未真正理解过一件事，直到我花时间去描述和注意它。"我认为孩子们发现问题，需要一次又一次地回头观察。这需要时间，这是一项有价值的工作……注意并观察相同点和不同点，并且能够说出它们是什么……

思考你是如何知道你所知道的内容的

伊冯娜通过鼓励孩子们思考他们是如何知道他们所知道的东西来帮助他们建立知识。这一策略旨在发展儿童的元认知能力。她解释了它的工作原理：

我们要做的一件事就是讨论今天是什么日子。"你怎么知道今天是星期一还是星期二？"在年初的时候，一些孩子会说"我妈妈告诉我的"。这表明他们知道成年人可以给他们提供他们需要的信息。但过了一段时间，我告诉他们这种方式还不够好。我会询问："你自己还有其他的办法知道今天是什么日子吗？"这让他们不得不考虑其他的认知方式。有些孩子会说："我们今天有艺术课""今天是全校歌唱日""今天是男孩合唱日""今天讲故事的佩吉来了"……然后有人会注意到有一个重复的模式。在那一刻……他们正在发现在我们的日程安排和一周活动安排中有一种重复和常规。

在实践经验中教授技能

在如上述的参与经验的背景下，伊冯娜帮助儿童掌控了学术技能和知识

(Snow, Burns, & Griffin, 1998; Zigler, Singer, & Bishop Josef, 2004)。她解释道:

阅读和写作是融入我们的生活中的,我们从所做的事情中习得……它来自孩子们天生的好奇心及他们对知识的需求。(例如)当孩子们正在记录他们所研究的巢穴或住在我们房间中的豚鼠时,我们(成年人)正在帮助他们写下他们看到的东西(见图9.2)。

图 9.2　观察豚鼠

在班级里建立共同体

伊冯娜对儿童技能发展、批判性思维和问题解决的支持不仅用于学习领域,也用于处理纪律问题。她解释说:

孩子们来学校不仅是为了读书、写字、做数学题,也是为了与群体中的其他人互动,建立一个共同体。有一句非洲谚语是,口袋里放两枚硬币不可能不发出响声。所以,总会有一些冲突和噪音。问题是:你对此做了什么?当积木区内的建筑物倒塌时,你会把它视为一个需要解决的问题。当两个孩子都想要同一辆红色卡车……这同样是我们需要解决的问题。这是一定会发生的、需要学习的一部分。就像我要说的那样：你还有什么方法可以让这些积木立起来？……我们还有什么方式能够让我们弄明白如何让每个孩子都能使用这辆红色卡车而不失公平？我想让孩子们讨论并解决这个问题……我的工作是确保公平，让每个孩子都有机会。

有些时候，事情会一次又一次地发生，可能是有幼儿打了同伴，或者有幼儿拒绝清理活动区，然后我们需要开会，需要讨论这个问题，因为它没有得到解决，我们必须解决它。儿童会了解到自己必须先主动和那个人说话，并且需要倾听他。我会手把手地教他们。仅仅说"对不起"，然后就走开是不够的，因为"对不起"没有任何意义。他们知道自己被期望去解决自己所做的事情，以及是否应该继续做下去。

每年的这个时候（学年开始时）曾经出现的问题不再出现了，因为孩子们认识到，这个过程（解决问题的过程）不仅能保证那些带来问题的人的安全，也能保证其他人的安全。我们会讨论：当你来到学校时，你希望别人对你做你不喜欢的事情吗？我们要怎么保证彼此的安全，让这里成为大家都想来的地方？我们在9月和10月经常这样做，所以（到11月或12月）我们有了成效。听到孩子们互相交谈，独立解决问题，只有当他们遇到麻烦时才来寻找成人，真是一件太美妙的事情！

支持学习的学校环境和过程

伊冯娜任教的学校从一开始就是一个致力于共同学习愿景的共同体。这是一个培养她成长的环境，使她能够在工作中找到快乐并保持快乐。快乐不仅来自所做的事，也来自它如何做。伊冯娜的"与每个学习者并肩成长"的过程是强有力的，能够帮助儿童提问和回答问题、合作、坚持，并认识到自身的优势。它支持儿童通过一段关注每个人的个性化发展过程的旅程成为一名学习者。伊冯娜解释了这对她的毕业生的影响：

  孩子们经常告诉我们："我喜欢待在这所学校，因为它总是和我的工作有关。我的工作可能不是最好的，但它是属于我的，我可以用自己的方式去做，并得到老师们的支持。"当我们的孩子进入其他学校后，人们经常注意到我们的孩子是那些能够提出有趣问题的人，他们坚持做事且不放弃，他们可以和别人一起工作，最明显的是，他们似乎喜欢学习。当你思考什么最重要的时候，你还会思考更多你想要的东西吗？

第十章
观察、评估及利用信息来指导教学和支持学习[1]

要想真正"看见"学生,教师就必须学会仔细地观察和倾听,不带偏见地理解学生的真实样子、想法以及决策方式。作为赋权教育学的一部分,保罗·弗莱雷(Paolo Freire,2005)讨论了让教师做好"读懂"全班学生的准备的重要性,"学生就像一个需要解码和理解的文本"(p.49),特别是当教师的经济和文化背景与学生的背景大不相同时:

就像阅读文本需要词典、百科全书等辅助工具一样,了解全班学生也需要便于使用的工具。例如:好好观察,好好比较,好好推断,好好想象,好好释放自己的感情,在不过分相信某人对别人的看法的情况下相信别人。一个人必须通过记录所观察到的内容来锻炼自己的观察能力。但是记录不应局限于从自己的角度尽职地描述所发生的事情。它还意味着观察者冒着风险提出具有批判性与评价性的意见,但又不能固执己见。所有这些材料都应该由制作它们的教师及其学生不断地进行分析(Freire,2005,p.49)。

有效的教师会为学习者创造机会,使学习者在积极的体验情境中与其他人探索、提问、假设和讨论想法。要做到这一点,教师需要仔细地注意学习者的回答、问题、猜想和评论中所包含的信息。这些信息可以用来指导教学,向儿童提出更多的问题和建议,直到儿童达到新的复杂水平,并开始其他方

---

[1] 本章改编自贝弗莉·福尔克的《问题的核心——使用标准和评估来学习》中的一章。经允许使用。

面的发展。在教师的帮助、激发、鼓励并提供冒险所需的安全感的情况下，真正的学习得以发生。

为了以这种方式有效地支持儿童的学习，教师需要通过宽广的视角和镜头不断地探究——孩子们知道什么，他们是如何知道的，以及他们的优势和弱点是什么。了解学习者需求的方法最好是借助于关于学习的多种形式的直接证据，这些证据可以通过一段较长时间内教室里各种有意义的、真实的活动来收集（Darling-Hammond, Ancess, & Falk, 1995）。

这种基于课堂评估获得的信息可以揭示儿童及其发展进程的多种信息。除了展示孩子们的成就，这些评估还可以挖掘传统测试方法无法显示的儿童学习过程中的复杂性，可以用于探索思维的复杂性——不是简单地获得"正确答案"，而是通过学习策略和方法以及他们所依赖的优势进行学习（Falk, 2000; Kamii, 1985; National Association of School Psychologists, 1987; National Association of School Psychologists, 2005; National Council of Teachers of Mathematics, 2013）。

通过教师观察、学生记录、儿童作品实际样本、儿童及其家庭的资源投入等内容，教师可以为每一个作为学习者的儿童绘制独特的画像。这些积累的信息有助于规划适合个人和儿童群体的学习经验和课程。

这些基于课堂的评估可用来收集关于儿童每学年的各个学科学习情况的证据。这类信息记录了每个孩子随着时间推进而不断成长和发展的进程。这是一种有用的信息，可以用来指导教学，与儿童及其家人分享，并将孩子们学到了什么，他们能做什么，以及儿童的学习经验中体现的特定策略、优势、风格和兴趣传递给下一任教师。

以下是对用于记录儿童进步的不同形式的简要说明。这为教师提供了反思、学习和交流的机会，从而影响他们的课程、教学和专业成长。

教师的记录

教师的记录可以包括对儿童的观察记录材料，儿童技能发展清单或检核表，以及师生会议的笔记。在儿童档案中注明日期并录入信息，可以用来追踪儿童发展中的理解力和技能，也可以影响教师在年终或学期报告中的简要判断。

正如儿童以不同的方式学习一样，教师也以多种方式观察和记录儿童的进步。以下是一些不同的方法：在便笺卡或电子表格上记下观察结果，在一天结束时使用"胶粘物"将其粘贴到笔记本上；或者随身携带一个笔记本，上面为每个儿童划分好各个部分，可以在一天中快速记下观察笔记，在准备阶段、午餐或放学后的时间记录较长的反思。

一些教师通过定期记下对儿童的想法和学习方法的一般性评论来保存他们的记录；一些教师侧重于记录儿童在特定技能、内容或标准方面的进展。无论重点是什么，只要定期完成，到学年结束时，教师就会收集到关于每个儿童成长的大量的实质性记录信息。

使用描述性语言而非评价性语言是这种评估的一个重要特征。评价性语言往往侧重于学习的最终结果，并严重依赖观察者的判断；与之相反，描述性语言关注事物是如何发生的，既关注过程，也关注结果。描述性语言将观察者的判断置于一旁，而是将注意力集中在揭示为什么一个人可能会在特定的时间和背景下，对特定的学生做出特定的评价的细节上。下面的描述说明了两者的区别。请看这张报告单中关于斯蒂芬的陈述：

1. 斯蒂芬的词汇量很大。
2. 斯蒂芬的工作做得很出色。
3. 斯蒂芬有出色的数学能力。

斯蒂芬的教师在练习观察和记录技能后完成如下版本的记录：

1. 斯蒂芬在他的作品中使用了丰富多样的描述性词语。
2. 斯蒂芬在工作时独立而热情。他具有批判性思维，敢于冒险和提出新想法，并且对陈述的细节非常关注。
3. 斯蒂芬对数字概念的思考是流畅的。他通常能找到几个解决问题的方法，并且能够清楚地向他人解释（Falk, 2000）。

这种反馈解释了是什么让斯蒂芬的词汇和数学技能如此"出色"，以及他的工作在哪些方面具有"优秀"的特征。这让斯蒂芬的教师、家人和他自己都能更好地了解他是如何做到的。

当这种类型的描述话语积累起来时，教师可以勾勒出每名儿童学习者的图像。这幅图像帮助儿童及其家人和其他教师认识到儿童的长处，以便他们能够进一步加强儿童的能力，确定儿童需要支持的领域，从而制订支持儿童的计划。

以下是关于如何对学习者进行描述性、有记载的观察的指南，用以为教学提供信息和支持：

- 描述行动和行为
- 忽略判断
- 只记录你所看到的，不要对你看到的内容做出假设
- 记录当日的所有信息
- 为观察提供背景
- 从头到尾记录完整的片段
- 关注学生能做什么，而不仅仅是他们不会做什么

除了帮助我们系统地思考学习者的进步之外，有记载的观察也有助于拓宽我们对学习者的不同优势构成的整体概念的认识。我们观察得越多，就越能了解我们所服务的学习者的才华和能力的多样性。这使我们能够认识到儿童的潜力，帮助我们认识和欣赏霍华德·加德纳所说的"多元智能"——除

了学校里最常强调的逻辑和数字能力外，还有语言、音乐、身体、空间和社会能力（Gardner，1983）。

关注和欣赏这些差异也会让我们以不同的方式思考课程和教学。我们从要求每个人用同样的方式做同样的事情的标准化教学方法转向了差异化教学方法，即为不同类型的学习者提供不同的途径来掌握重要的常用概念和技能。

在早期教育阶段，逸事记录和检核表是评估儿童学习的一种重要形式。一些学校/中心/地区已经设计了自己的格式来指导教师观察什么。其他人使用商业上可获得的材料，如教学策略评价体系、作品取样系统，或高瞻课程评价工具中的学前儿童观察评价系统。使用这类材料的挑战不仅仅在于检核系统罗列的不同年级儿童的素质和行为水平，而在于使用实际收集到的评估信息来反映每个儿童的优势和需求，并利用这些信息来指导未来的教学。当制定出能够实现这一点的策略时，许多教师报告说，他们开始看见以前没有注意到的事情。他们意识到，随着时间的推移，当他们收集关于学习者的证据时，他们会形成关于每个儿童成长和发展的独特视角，从而为个人以及整个班级的教学决策提供信息。

学生作品样本

作品样本是另一个信息来源，可以提供有关儿童及其学习的重要见解。教师可以收集这些资料来达到多种目的：记录每个儿童的成长和发展，以便了解儿童作为学习者的本质；展示每个儿童的"最佳作品"；记录儿童如何达到学校或学区要求的标准。

运用各种媒介工具收集学生在各个学科领域的行为样本的目的，与使用逸事记录和检核表等工具推动教师记录过程的目的，在很大程度上是一致的，即收集随时间推移而进步的证据，可以发现儿童学习方式的细微差别，发现儿童的长处和反复出现的兴趣。例如：书写样本揭示了儿童在读写能力发展过程中所处的阶段和水平，而数学日记则通过计算和叙事的记录形式来展示儿童的数学思维是如何发展的。涂鸦、绘画或项目、研究报告和科学实验的相关文件（随着儿童年龄的增长）提供了儿童如何解决跨学科问题的证据（见图10.1）。

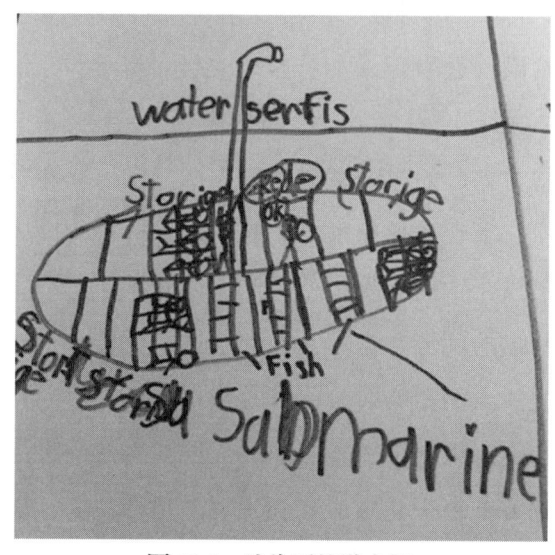

图10.1　幼儿画的潜水艇

三维立体作品（积木建筑物、木工、实验、烹饪、建造）和儿童与他人一起参与活动（阅读、照料动物、体育运动、音乐或角色扮演）的图片可以反映出儿童个人的兴趣和学习风格。这些项目在存档时应被标注具体时间，用以了解儿童随着时间的推移而取得的进步。结合有记载的观察和检核表，这些数据帮助教师注意到儿童能做什么，他们理解什么，他们的兴趣是什么，以及他们需要发展何种技能以推进自身的学习。

学生的记录

学生的记录是追踪儿童学习情况的另一种有用的工具。即使是年龄最小的孩子也可以记录自己的阅读和书写、项目以及他们对工作的思考。这些持续的记录可以作为课堂活动的组织工具，使教师摆脱将全班整体指导视为了解每名儿童行为的唯一途径成为可能，使教师能够为儿童提供独立和小组工作的机会。当教师要求儿童清楚地表达并记录他们的所做所想时，儿童就会对自己的工作产生责任感、控制感和主人翁意识，并对自己的学习有更强的意识。

许多教师让儿童记录自己的阅读日志。阅读日志的格式可以是笔记本上的列表形式、橡木标签书签上的列表形式，或是教师设计的表格形式。阅读日志为儿童提供了一种追踪自己的阅读内容、阅读时间以及对所读内容的思考的方法。这些信息也帮助教师评定儿童能够阅读的文本的体裁范围和难度水平（见表 10.1）。

表 10.1　阅读日志

_____的阅读记录		
秋季 / 春季		
题目：		
作者：		
文本类型：□小说　　□非小说的散文文学　　□诗歌		
我阅读这本书：	这本书阅读起来：	我的看法：
□独自	□简单	□我不喜欢
□和一个成年人	□刚好	□一般
□和同伴或小组	□困难	□我喜欢
		□我非常喜欢
评论： _____ _____ _____		

学生自己的记录也可以用在其他科目的学习中。例如：数学日记或数学笔记可以用来记录儿童能做什么，以及他们对重要概念和技能的理解；儿童通过自主活动日记来记录他们于自选时间在活动区的工作，给他们提供一个

机会，反思自己做了什么，和谁一起，以及学到了什么或发现了什么。

以类似的方式，项目文件夹可用来连续记录儿童对各种学科的理解。因为项目为学习者提供了运用有价值的知识和技能的机会，所以在课堂中所做的项目工作既是学习的证明，也是一种有价值的学习经验。教师可以使用项目文件夹来追踪儿童在分配的项目工作时间里都做了什么，如产生了什么问题，他们是如何回答的，以及他们从中学到了什么。使用这种方式检查项目文件夹，教师可以了解儿童知道什么以及他们能做什么，有助于以响应儿童的理解和需求的方式规划下一步的教学步骤。

这些记录为儿童提供了一种独立工作和追踪学习的方法，可以使他们及其教师获得一种持续进步的感觉。在课堂上分享这些记录也是很有价值的。当儿童互相展示并讨论他们的作品时，他们不仅建立了一种学习共同体的意识，也澄清了自身的想法，并激发了新的方向，从而能够深化和扩展个人和小组的工作。

记录小组的学习情况

教师可以通过图表记录课堂讨论的内容来进一步加强小组学习。这些图表（见图10.2）可以按顺序展示在教室的墙上，记录课堂的学习情况，以便随时供教师参考和提醒教师。意大利北部的瑞吉欧·艾米莉亚市属幼儿园公开了这种记录整个班级学习过程的方式。这种方式不仅可以用来记录课堂学习，还可以通过将想法转化为书写符号来支持读写。它还能促进讨论，允许教师重新审视强有力的想法，是班级新的想法、项目和伙伴关系建立的基础（Edwards，Gandini，& Forman，1998）。

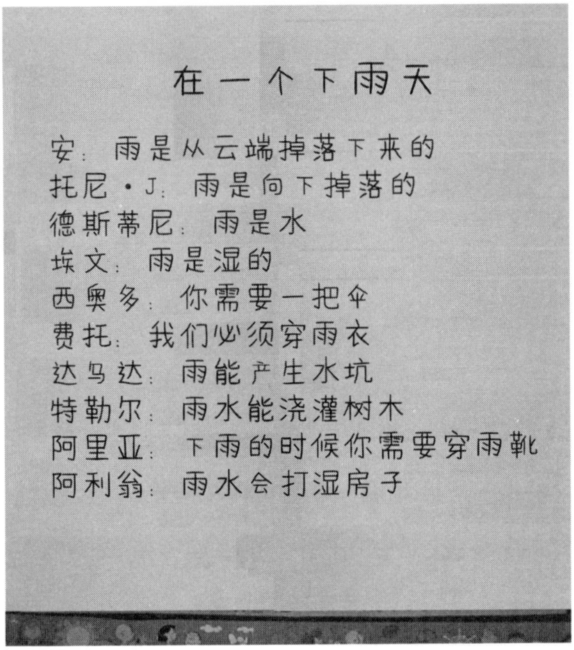

在一个下雨天

安：雨是从云端掉落下来的
托尼·J：雨是向下掉落的
德斯蒂尼：雨是水
埃文：雨是湿的
西奥多：你需要一把伞
费托：我们必须穿雨衣
达乌达：雨能产生水坑
特勒尔：雨水能浇灌树木
阿里亚：下雨的时候你需要穿雨靴
阿利翁：雨水会打湿房子

图10.2　课堂记录表

将评估融入课程：一个迭代循环

当教师的记录、学生作品样本、学生的记录和小组讨论文档的信息结合在一起时，就会形成一幅记载个人成长的丰富画面。这些证据可以为教学和学习提供信息和支持。

系统地收集证据，反思其意义，并使用它来形成我们的教学策略的过程，为我们提供了理解学生的机会。这些理解可用于做出教学决策，以回应每个学习者的独特需求、兴趣和理解。循证教学法能够促进我们的教学专业化。它使我们不再以个人的感觉或直觉作为行动的向导，而是根据已知的事实系统过程来形成和支持我们的指导（见图10.3）。

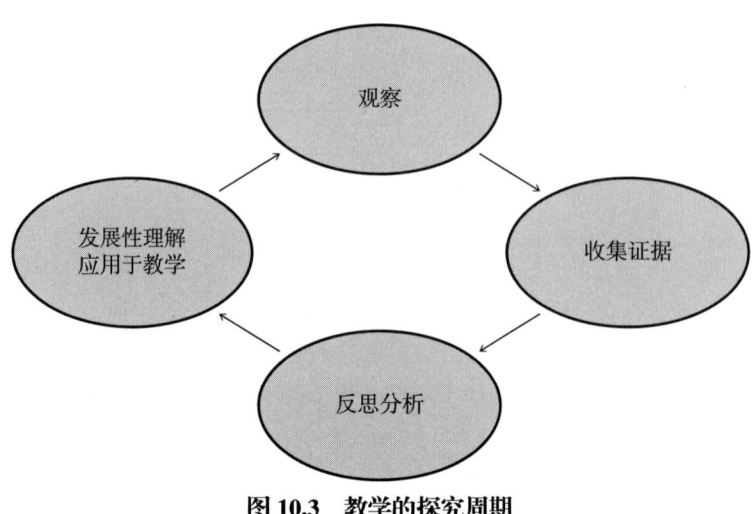

图 10.3　教学的探究周期

使用标准

在讨论如何运用有关儿童学习的证据来指导教学之前，需要对标准及其使用进行讨论。在过去的几十年里，各州、地区和专业协会已经明确规定并采纳了不同年龄和年级的学习者应当学习什么的标准。这些标准现在被用于指导大多数贯穿幼儿园至十二年级的课程。正如本书前面的章节所讨论的，其中一些标准比其他标准更适合其目标年龄群。许多人认为，那些为儿童制订的计划是有问题的。因为幼儿期是一个以发展变化为常态的时期，一些人认为根本不应该为幼儿制定标准，应允许幼儿按照自己的节奏和方式成长。另一些人则持不同的立场：如果通过清晰阐明幼儿发展阶段的标准而不是针对年级和年龄来制定的标准来体现幼儿特有的差异变化，那么早期标准就可以为教学和学习提供有益的指导。这一观点基于一种共识，即所有儿童并非会在同一时间掌握相同的技能和知识，而是通常在一定的发展时期内掌握某些技能和知识。例如：通常在 3—7 岁，儿童的阅读开始萌芽发展为开始阅读或发展具象艺术思维，所以要求所有的孩子在幼儿园结束前开始阅读的做法是不尊重这种发展变化的体现。因此，在早期教育领域已经不能再使用狭隘的按照年龄和年级来定义的标准，而是需要一套明确的期望来指导教学，这些期望应与儿童连续发展的不同阶段相对应。到目前为止，这一想法还没有被充分地纳入评估政策，仍有很多宣传工作要做。

因此，当我们不断倡导早期学习标准忠实于我们对儿童如何学习的真实了解时，有一个重要的观点需要我们牢记于心，即在使用标准时要清楚有些事情是儿童可以做且被期望去学习和实践的。为了支持他们的学习，我们必须考虑每个儿童的需要，调整他们的理解，适应他们的问题、兴趣和需求。因此，将课程和教学计划作为标记了学习旅程中的重要地点的地图，会比将其作为安排了每日每时活动及地点的旅行日程表更有效。虽然将课程计划作为重要知识和技能的概念性指南是有帮助的，但是任何指南、计划或教学大纲并不能有效地描述每个学习者将如何以及以何种速度学习。任何指南都无法预料到可能出现的意外、困难、问题或误解。它也不能预测将要发生的学习的完整性和全面性。而且，没有任何指南能保证仅仅通过给儿童提供材料，就能实现儿童的学习。

换言之，学习不是通过将标准简单地映射到课程中，然后执行特定的教学活动来实现的。我们的教学任务不是"覆盖"标准，而是确保儿童理解并意识到标准所代表的理念和技能。我们需要"融入学习者"，这是本书前面几章讨论过的一个想法，我们需要在儿童先前的理解和技能的基础上设计有意义和有目的的课程。

使用证据指导教学

因此，在整个教学过程中，我们不仅要考虑课程和教案，还要考虑它们对学生产生的影响。只有我们在构建计划时，通过不断收集学生的理解以及他们在实践中如何运用其理解的证据，思考学生身上正在发生的变化，我们才能评估计划的有效性，以此调整我们的教学，并提高学习发生的可能性。

这就是对儿童学习的真实评估对有效教学如此有用和重要的原因。评估收集的证据可以使我们了解到学习者所知道的知识，这可以成为指导我们教学的宝贵指南。它给我们提供了关于我们需要做什么的线索，来帮助儿童掌握技能，并确保他们理解重要概念。它让我们了解到每个学习者处理信息和理解世界的独特方式。当学生在学习上有困难时，它阻止我们把这些困难归因于他们智力或性格上的缺陷。相反，它让我们专注于自身的责任，尽力了解学习者的思维、他们的话题以及他们存在的问题，并不断寻找他们学习的关键，直到我们找到帮助他们成功的方法（Benk & Belanoff，1986）。

利用多样化证据获取有关儿童成长的知识

有记载的观察、儿童作品样本和学生的记录，都是获得儿童学习信息的有用素材。这些信息可以用来指导下一步的教学，这种方式通常被称为"形成性评价"。此外，总结性评价也是一种收集证据的方式，通常在儿童学习结束时，以随需应变的任务或班级孩子共同完成的作品样本的形式呈现，可以提供关于儿童实现研究、课程或单元的总体目标的过程信息。总的来说，多种形式的证据可以为每一名作为学习者的儿童形成一幅丰富的图景（见表10.2）。

表 10.2　多种形式的学习证据

教师记录	学生作品	随需应变的任务 / 共同完成的作品样本
观察记录	阅读日志	论文
总结	所收集的作品 ◆ 书写作品 ◆ 绘画作品 ◆ 照片 ◆ 视频	展览
检核清单	自我评价	实验
会议记录		多步骤问题
所收集的信息（儿童学习方式、家庭、文化和语言）		艺术表演
		项目
		报告

表现性任务和评估准则为学习提供指导

表现性任务提供了一个机会，帮助教师了解到与一项研究或学科学习的不同方面有关的儿童的知识和能力。对于早期教育阶段（学前班和小学阶段）中年龄偏大的儿童，可以为其创设体现不同的学科标准的表现性任务。这些任务可以为儿童提供一种友好的方式来使儿童展示被期望的知识和技能。

任务的评估准则里罗列了在任务中体现出的基于标准的重要品质，描述了不同发展阶段的标准特点。它可以帮助教师确定儿童学习标准达到的程度，也有助于年龄较大的儿童审视自己，为自身提供高质量的工作要素的指导。

评估准则可以是整体的，也可以是分解的。它们可以用于一般任务或特定任务。整体性评估准则会对工作进行整体描述，并将其转化为一个分数。例如：论文、项目或任务的评分为 1 到 10 分不等。

相比之下，分析评估准则可以为任务的不同标准提供单独的描述。对每项标准进行评估，然后将这些分数相加，得到一个综合分数来评估整体的表现。针对不同的标准，有时可以根据其重要性给予比其他标准更高的权重。例如：滑冰比赛使用的就是这种评分，通常通过结合技术和艺术价值方面的分数来评估滑冰运动员。这种评估表现的方法有助于澄清对不同方面的任务或表现的期望。

评估准则可以用于不同的目的。这也反映在它们的设计中。它们既可以用来评估特定的任务，也可以用来评估代表一种技能或知识体系的多个任务。特定任务的评估准则或评分指南有助于评估学生是如何达到特定任务规定的独特标准的。相反，通用的评估准则描述了更普遍的活动（如阅读）的标准或质量。例如：方塔斯和平内尔（Fountas & Pinnell, 2016）设计的阅读量表用来标识不同水平的读者。这个通用量表可以通过多个作品，根据多种结果和行为表现，监控随着时间推移个人阅读的一般进展。

确保信度和效度

在研制任务和准则时，要注意现实期望对工作的指导非常重要。在制定这些期望时，重点考虑长期目标以及什么是发展适宜性和可行性目标。否则，这可能会导致幼儿无法达到所制定的标准。这是反对对幼儿使用标准的部分理由：幼儿没有达到标准是因为要求他们做的事情是不合理的。在制定任何标准和基于标准的评估时，必须认真考虑这一问题。如何处理这一问题会影响到标准及评估的有效性和可靠性。

要确保任何以标准为基础的研究、项目或评估工作是有效的，并在标准和合理期望之间保持适当的平衡，一个有用的方法是不断将期望与儿童的工作进行交叉对比来制定评估准则（见图10.4）。我们也应该牢记我们对儿童发展的了解，以及儿童能够做什么和应该能够做什么。因此，评估准则应该被设计成由初级到高级的连续学习过程，而不是一套随心所欲的期望。在设定目标和期望之后，重要的是考虑儿童的工作并审查它是否满足预期。此外，这些证据也可以用来帮助确定预期是否合理。教师需要自问如下问题：儿童在工作中似乎无法达到哪一项期望？他们做不到是因为我们没有教，还是因为我们教的方式不恰当，或者是因为在他们当前的发展阶段这是一个不适宜的期望？

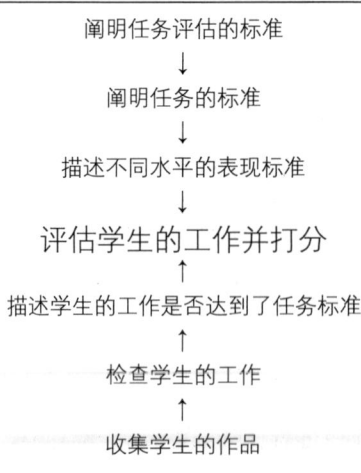

图10.4　制定准则的过程

在设定期望以及制订工作计划和进行评估时，必须考虑这些问题。我们需要在标准、准则、对表现的描述和学生的工作之间反复衡量。

这样的工作将有助于确保我们的期望（标准、课程、评估）真实有效地反映学生的实际能力。

在研制基于标准的评估时，信度也是一个需要解决的重要问题。一个可靠的评估将提供一个关于学生工作的连续性观点。这意味着，如果不同的人看待这项工作，他们能够以相似的方式评估它。这也意味着，由同一个人在不同时间完成的工作将获得类似的评价。

评估的信度和效度在表现性任务中尤其具有挑战性，表现性任务将用于影响高风险的决策（如留级或升级）。然而，当研发主要用于课堂教学目的的评估时，要确保评估符合以下内容，从而获得较高的信度：

清晰明确、互不重叠且与标准有明确联系的评估准则。确保不要将基于标准的评估准则与实现结果和产生相应行为表现的技术要求相混淆。与标准相关的评估准则的示例为："使用细节来支持想法"或"建立联系"。在评估准则中应避免技术性的要求，例如："说出故事中的一个细节"或"使用三个常用词"。

明确区分等级的量表。评估准则的每一级都应对工作从最初级到最高级的发展阶段有所描述。

对具体的、可观察的和可记录的表现进行描述。确保评估准则（见表10.3）中所描述的内容能够在实际工作中看到（Harris & Carr, 1996）。

表10.3 评估准则示例

任务：请每名儿童把自然物品（松果、橡子、栗子、树叶、小树枝）分类 [可以根据体积（大/中/小）、颜色（浅/暗）、形状（圆/直/尖）或其他类别（如光滑/粗糙）进行分类]。请每名儿童解释分类标准。			
目的/目标	**迎接挑战**	**发展中**	**仍未开始**
完成任务——能够将物品划分为不同的类别	类别清晰，所有/大多数物品与分类标准相匹配	已创建类别，但某些对象与类别不匹配	对不同的类别了解很少或不了解，找不到与之相匹配的物品

（续表）

目的/目标	迎接挑战	发展中	仍未开始
解释分类标准	能够清楚地定义类别，并清楚地解释分类方法及不同物品的匹配原因	能够说明类别，但对分类方法和物品匹配的原因解释不清楚或不完整	无法解释物品的类别或分类方法及物品匹配的原因

随着时间的推移，使用基于标准的评估可以增进教师和学习者之间的共同理解，促进对儿童持续进步以及高质量工作的期望合理化。教师们开始获得共同的意义和话语，使整个学校保持一致性和连贯性。学习者对自己的期望有了更清晰的认识，并更善于监控自己的学习情况。标准越清晰明确，对年幼学习者的指导就越到位，最终工作质量也越高。

分享儿童的学习

正如本书中讨论过的，我们可以通过不同方法收集儿童的学习证据，也可以通过各种形式分享儿童在学习中的进展情况。

描述性报告

一份由教师撰写的关于学习者的描述性报告，是教师根据在整个学年所收集的证据对儿童的学习进展形成的综合报告。描述性报告要注意体现描述性并避免使用判断和评价性语言。报告基于教师对逸事记录和儿童作品的分析。一些学校将描述性报告发送给家长，然后将这些报告作为家长/家庭会议讨论的基础。

家校卡

通常，家校卡被用来向家庭和学校系统报告儿童的学习情况。许多学校摒弃了用字母或"优秀、良好、一般、差"来表示分数的等级评价，而是使用家校卡来描述学习者与所在地区或州标准相关的发展情况。其他学校和地区已经改变了关于学习者在连续发展过程中的进步的报告体系，如方塔斯和平内尔（Fountas & Pinnell，2016）或纽约州早期读写能力概况（New York State Education Department，1999）对儿童读写能力的表述。对每个学习者进行评估需要考虑儿童在连续发展过程中所处的阶段、他们与上次评估相比有多少进步，以及对不同年龄和年级儿童的合理期望。对儿童发展的理解和学科教学内容知识等一系列复杂的因素，会影响对不同年级学生应处于什么发展阶段的合理期望的形成。

会议、展览、博物馆

任何书面文字都无法完全捕捉到生活经验的力量。除了书面报告或家校卡之外，家校会议、学生展览和学生作品"博物馆"展示等也是分享儿童丰富学习内容的重要方式。

家校会议。 家校会议可以成为教师了解家庭和家庭了解儿童在校学习情况的一个途径。家校会议是教师与儿童生活中的重要人物（也可以包括儿童自身）的会面。这是一个预定的活动，讨论儿童的进步以及家庭成员可能存在的任何疑问和担忧。应让儿童在场，这样家庭成员就能直接接触儿童学习的具体证据。在共同检查这项工作的过程中，教师、儿童及其家人都可以看到并讨论孩子的进步情况。

家校会议可以增进家庭与学校之间的信任。它向学习者证明，家校之间没有任何幕后秘密，不经过双方坦诚、合作式的探讨并达成共识，不会对学习者做任何事情。家校会议还帮助家庭了解学校的目标、宗旨和期望，同时为家庭提供了分享他们对孩子学习的观点、期望和梦想，以及增加他们对孩子的了解的机会。这种相互分享增强了在学校里共同体意识蓬勃发展所需的信任。

展览/博物馆。另一种沟通儿童学习内容的方式是通过为儿童设置展览活动或"博物馆"来展示并解释他们的作品。在"博物馆"里，教室被临时改造成展品馆，里面整合了儿童完成的学习成果，包括他们创作的书籍、实验、艺术品、建筑、木偶戏、视频或音乐表演等。儿童在向同学、校友、家庭成员和学校教员展示和解释作品的同时，也在分享学到的知识（Falk，2008）。（见图10.5）

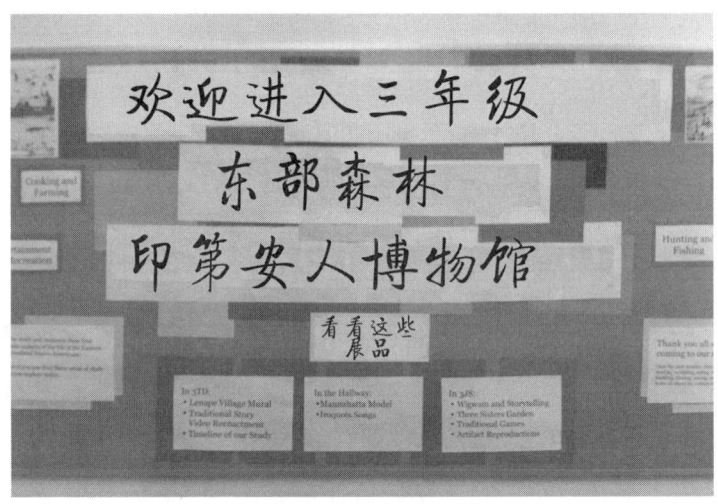

图 10.5　博物馆

在许多为来自不同背景的儿童和家庭提供服务的学校中，这些分享学习者发展情况的方式增强了整个共同体支持儿童学习的力量。下一章中将介绍如何做到这一点，以及如何通过全校博物馆分享儿童的学习。

第十一章
利用评估指导教学和支持学习——杰西卡和安德烈的班级关于布朗克斯河的研究

本章展示了教师如何使用评估实践来了解学生、支持学生学习，并分享自己的知识与能力。本章描述了安德烈·罗宾逊和杰西卡·劳伦斯的工作，她们任教于纽约市布朗克斯区诺伍德镇的一所K—8公立特许学校——布朗克斯社区特许学校的综合合作教学（Integrated Co-Teaching，简称ICT）班级（普通教育和特殊教育融合），是教授一年级的合作教师。

环境／背景

在布朗克斯社区特许学校中，重视项目和其他实践经验的主动学习贯穿所有年级。为了在全校范围内营造一种共同体意识，学校每学年安排了为期6~8周的全校共同学习。每个年级研究同一主题的不同方面，所参与的项目在研究结束时会被展示在"全校博物馆"中。当学校第一次搬进现在的大楼时，学校在学年初的研究学习是关于新大楼的。每个年级研究建筑的不同方面，如一个年级研究餐厅，另一个年级研究照明系统，还有一个年级研究电梯，等等。第二年，学校决定探索建筑大楼背后的地方——布朗克斯河及其周围的森林。每个年级选择森林的某一部分进行研究，一年级选择调查河流及在其周围生活的动物。

将儿童的兴趣、问题和理解纳入课程规划

在学年开始之前,教师们会先花一定时间依据学习内容中涉及的总体思想和主题制订计划——从学校的整体计划到各年级计划,最后是每个班级的计划。他们会参考国家要求的技能和等级标准,确保将其纳入整体计划。

最初的计划草案以涉及总体思想的指导性问题为基础,并结合了关键技能和标准。指导性问题按周制定。例如:本周计划研究河流的各个部分,下周计划研究生活在河里及生活在河周围的动物,再下周是探索不同动物的栖息地等,以此为儿童对某些内容的研究设置暂定日期。但是由于教师们相信建立在儿童兴趣、问题和理解基础之上的研究可以为儿童积极参与学习提供支持,因此教师们保持了灵活性和开放性,允许儿童体悟学习过程中的曲折。例如:在动物研究开始时,孩子们阅读了生活在河里和生活在河周围的不同动物的书籍,孩子们可以选择他们想深入研究的动物。在一次班会上,他们制作了一张河流动物的图表,并划分成小组来研究不同的动物(见图11.1)。

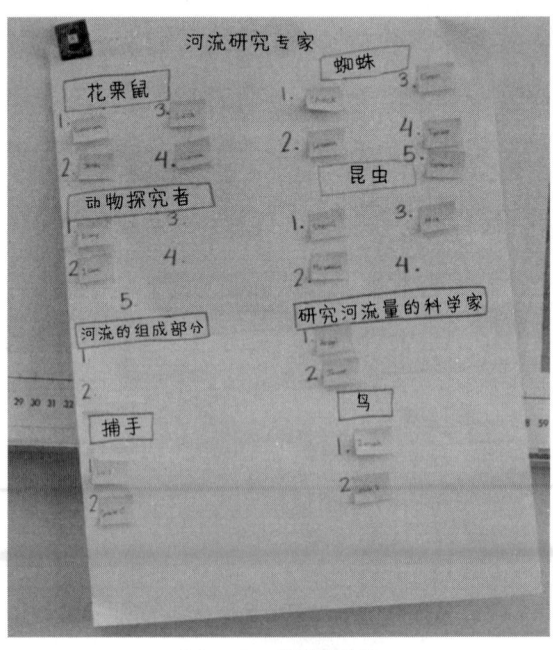

图11.1 动物图表

有的儿童选择研究鸟,有的儿童选择研究蜘蛛,还有的儿童选择研究昆虫。正如安德烈所解释的:

我们不会说:"好吧,我们要研究鱼、鸟、花栗鼠和松鼠……"我们不会那样做。我们需要拭目以待。我们知道我们要研究动物。我们知道了解栖息地是共同核心标准之一。这很好,因为它让我们知道我们的目标在哪儿,作为教师,我们可以这样计划。我们知道动物和栖息地是一把巨大的伞,而其他的一切就像是,孩子们会带着这把伞选择我们要去哪里。

在工作过程中出现的问题导致了最初没有预料到的调查的发生。例如:有个孩子提出一个关于河流速度的问题,于是他们在河边做了一个实验,计算了他们从桥上扔下的一片叶子到达下游的一块岩石需要多长时间。正如杰西卡所解释的:

我们的河流之旅变成了课程,你必须从那里开始进行。它就像一条河流:它在源头形成,然后分流成许多小支流,儿童就是这些支流。

将技能和知识融入研究

在这个一年级的课堂上,教师对学生的发展连续性范围有清晰的了解,涉及儿童的社会/情感能力,以及该年级标准中所概括的技能和知识的掌握等。这些教师将发展性视为首要关注点,因此他们以标准为指导,并有意地将这些标准纳入他们所有的研究或项目。安德烈解释了在关于布朗克斯河的研究中如何处理标准中的技能和内容知识:

我们进行的所有的大声朗读活动的内容都会集中于河流或动物。如果我要上一节读写方面的纪实文学课,那么我不仅会选择一些纪实文学书,还会选择一些与河流中的动物(如青蛙等)相关的书,或者是与本研究相关的其他东西。即使是书写,当他们正在书写关于去往河边的事情时,我们也有大量的时间。这占用了我们大量的书写时间。我们所做的每件事都有研究的影子。

杰西卡补充道：

例如，为了帮助儿童增强计算能力，在我们去河边的一次旅行中，我们做了一项关于河流速度的实验：孩子们站在河上的一座桥上，从上面扔下一片树叶，数出树叶顺着河水流向某块指定的岩石需要花费多长时间。我知道这不是计算河流速度的精确计时，但我知道孩子们会从中学到很多，因为他们将得到计数的实践练习。他们获得了听到数字、说出数字和按顺序计数的经验。其中许多儿童需要帮助。有些孩子最多能数到 100 个数，而有些孩子却不能。所以，按数序说数字也是儿童每天需要做的事情。

布朗克斯河的研究也为其他内容和技能的实践提供了很多机会。例如：通过旅行和阅读，孩子们获得了关于河流的源头、河流的流动方式、河岸等方面的科学知识。正如安德烈所说：

当他们走出去的时候，他们会把在课堂上学到的东西用起来。他们会意识到"我们现在行走的位置就是河岸"，或者"这就是我们读到过的河床……"。

通过建造不同动物的栖息地（如蜘蛛网）的实践经验，孩子们学习了"蛛形纲动物"和"大型无脊椎动物"等概念和词汇（见图 11.2）。

图 11.2　蜘蛛网

通过近距离观察蜘蛛，孩子们了解到他们所研究的生物有八条腿。通过建造不同的鸟巢，他们了解到麻雀是多么的小。当他们用尺子测量一个真正的麻雀蛋时，他们获得了更多的数学经验和理解（见图11.3）。

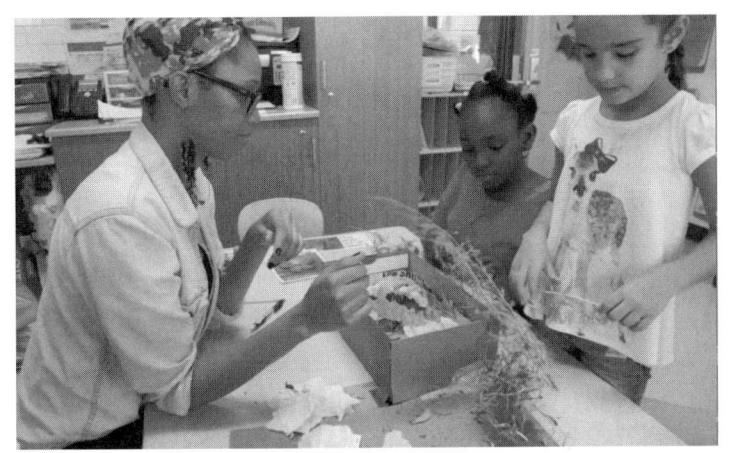

图11.3　鸟巢

布朗克斯河的主题也体现在其他领域的活动中。例如：孩子们用乐高积木建造树木、桥梁和河流。即使是课间休息时集体所做的瑜伽也受到了孩子们学习河中动物姿势的影响。

通过学校博物馆分享研究

研究结束后，孩子们创建了一个"博物馆"，与学校中的其他人以及家人分享他们完成的工作。由于布朗克斯河是学校所有年级的研究重点，所以每个班级都进行展示，整个社区的人都参加。活动在河边举行，游客可以在那里参观并感受孩子们制作的不同项目。孩子们展示了与河流有关的歌曲、舞蹈和瑜伽姿势，还展示了受研究启发而绘制的图表和壁画（见图11.4）。

图 11.4 布朗克斯河博物馆

所有学生的脖子上都挂着标牌，表明他们是与其研究相关的某一特定问题的"专家"。一年级学生的标牌上显示了他们的名字和一个关于特定河流动物或动物事实的问题。例如，一个男孩的标牌上写着："询问我：虫子喜欢吃什么食物？"他的回答是："虫子喜欢香蕉。"另一个孩子是新移民和新的双语学习者（英语学习者），他身上的标牌表明他是蜘蛛专家。虽然用英语交流对他来说很困难，但他已经学会了许多与蜘蛛网有关的专业术语，以及蜘蛛不同部位的名称（如"腹部"和"头胸部"）。当一群六年级的学生来参观他的展览时，他们问了他标牌上的问题，尽管他在大家面前说话时既害羞又紧张，但他仍然能够与他们分享他所知道的一切。大孩子们对他留下了深刻的印象，他们向他击掌并夸赞："哇，他太了解蜘蛛了！"

通过这些方式，布朗克斯河的研究提供了一种参与式的途径，以支持儿童获得学术技能和学科知识。这次学习并没有因为这项研究而结束。在整个学年的剩余时间里都有人再次研究。例如，当年晚些时候的新闻报道了密歇根州弗林特市的水系统污染事件，这为全班儿童提供了另一个让他们继续对水进行研究并扩展知识的机会。他们继续了解社区获取饮用水的来源、如何过滤以及其他相关信息。因此，一项研究不仅仅是教会一件事后就结束；相反，儿童对这些概念和技能的理解与应用能够贯穿全年。

活动区及材料

教室环境的布置方式对促进布朗克斯河的研究工作至关重要。杰西卡和安德烈的一年级教室被划分为不同的区域，每个区域都有一张桌子和放满材料的架子。额外的桌子是公用资源，可以用于任何活动。会议区有一个智能白板、一个图书角，以及用于数学/操作、科学、积木、绘图/书写、建构和其他材料（如乐高和拼图）的区域。

每天的课堂日程安排都包含了几段自选时间。一些自选时间是开放的，孩子们可以自由选择他们想参与的活动；一些自选时间是特定的，如阅读时间、数学时间等。当幼儿接触现有的材料时，他们经常会学习与当前研究主题相关的技能和概念。例如：在积木区，他们可能会重建他们在河边旅行时看到的桥梁；或者，在有涂色、绘画、书写和纸张的区域，他们会画鸟、画在河边森林里看到的树木。杰西卡解释说：

我们希望孩子们看到学习是一种亲身的实践体验。你必须参与其中。你必须主动学习……如果我们正在解决一个故事问题，使用这些立方体……把手放好。重新创造出你刚才听到的内容……（例如，问题是，）"我们今天在河边看到了什么？"孩子们用乐高搭建桥梁、树木和松鼠。

管理主动学习必备的纪律

运行一个有效的、主动学习的课堂需要所有团体成员的合作和纪律。从上学的第一天起，安德烈和杰西卡就开始在教室中营造一种文化氛围来支持这一点。在开学的前几周是引导儿童熟悉教室和日常常规。教师带领儿童参观教室，告诉他们材料在哪里，并讨论如何保管材料。教师教给儿童在如厕、喝水等活动中使用无声信号。最重要的就是教会儿童如何独立及自我服务。

从一开始,教师就试图让儿童建立一种理解:班级既是一个社区,也是一个家庭,每个人都需要互相照顾。教师让孩子们思考他们希望别人怎样对待他们。教师做了大量的示范来帮助孩子们形成一个清晰的认知。教师让全班同学做出"承诺",然后将其写在挂在房间里的图表上。在班上每个人的签名下,这份承诺清单不断被提及:"你在关注你的教学吗?你在学习吗?你们互相照顾吗?那是什么样子的?"

在让儿童做项目工作之前,教师要提醒大家:"如果你要去拿剪刀,你要像这样走路;如果你需要朋友的东西,不要去抢。你可以发言。我们想听到你的声音。你可以举手,这样别人就会听到你的声音。我们必须要互相帮助。"

为所有的学生设计不同的课程

杰西卡和安德烈的班级是一个综合合作教学班级——一种特殊教育服务班级;教室中有一名普通教育教师和一名特殊教育教师协同工作,共同教育残疾儿童和非残疾儿童。由于这种设置,班上的儿童通常不会进行同样的工作。这种班级文化的设定就是:每个人都是不同的,他们有不同的需要,因此他们经常做着不同的事情。教师会经常强化这种概念,让孩子们知道"你可能和别人的工作不一样,但现在你和这个群体在一起,这就是你的工作。你可能需要等待,但是你们会轮流得到老师的帮助"。这种理解需要一段时间才能建立,但孩子们每周都会做得越来越好。

追踪儿童的学习情况

为了确保每个人都在他们的工作中取得进步(特别是在儿童的社会/情感

和技能处于不同发展水平的教室里），教师采用一系列的策略来追踪儿童的学习情况。一个重要的信息来源是观察笔记。尽管两位教师都强调了解所有的学生，但他们都专门负责一组儿童，承担评估和决定他们的下一个教学步骤的主要责任。教师每周都坐在一起分享他们的笔记，以便他们能够更好地了解每个人，并一起反思、安排和计划。一个记录每个儿童在不同学科领域进步的剪贴板创建了一个全面的追踪系统（见图11.5）。

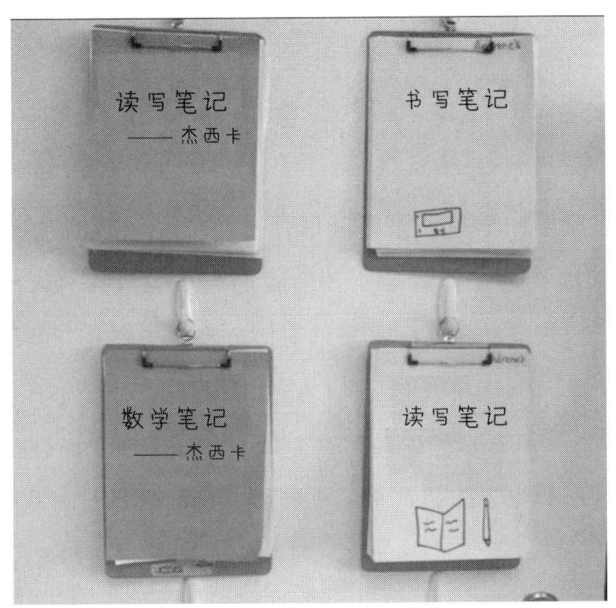

图11.5 保持追踪

例如：每当孩子们写了一个单词，他们就会把已经写好的东西放在他们的书写箱里。教师通过回顾这些资料，思考他们需要怎样划分对策小组以及需要完成哪些额外的技能工作。教师也对儿童的数学作业进行了大量的研究，以确定孩子们理解了什么，他们还需要做什么以及接下来如何指导。当其中一位教师带领一组学生学习特殊技能或解决特殊问题时，另一位教师则可以给其他学生上课。

启动布朗克斯河这项为期一学年的研究有助于更好地了解儿童，建立对每名儿童的了解基础。它帮助教师了解孩子们的优势、需求及他们的工作方

式。正如杰西卡所解释的:

> 对布朗克斯河的研究是了解儿童作为学习者的最神奇的方式。通过这项工作,我可以看到哪些孩子将从项目工作中真正受益,哪些孩子将在该领域更加独立,哪些孩子需要更多的支持,哪些孩子需要书写方面的帮助,哪些孩子需要阅读技能或合作工作方面的帮助。我可以通过这种方式了解很多。通过这项研究,我们了解了他们是谁。

与家庭共享儿童的学习情况

描述性报告用于向学校和家庭分享有关儿童进步的信息。安德烈和杰西卡以及学校的其他教育工作者并不是像我们大多数人一样习惯于用成绩单,而是用观察笔记和儿童的作品样本来填写检查表,检查儿童的认知/学术(数学、读写、科学等)以及社会/情感(工作习惯、儿童作为学习者的样子、儿童的优势、兴趣、目标和困难等领域)发展。正如杰西卡所解释的:

> 这有点像写一本关于你的每个学生的书。虽然这很有挑战性,也很费时,但我认为这也能帮助我真正了解学生。当我坐在那里,回想起每个孩子向我展示自己的那些时刻时——例如,"哇,当我看到她帮助她的朋友时,她是多么友爱的孩子呀!"——我会把这些写在报告中,并向她的家长描绘这幅图画。

教师每年都会为每名儿童生成三份报告(分别于11月、3月和6月)。每份报告大约有两页内容。教师将这些报告提供给儿童的家人,然后举行家庭会议,与家长一同讨论儿童的优势领域和需要更多关注的领域。

每一个想参加会议的家庭成员,无论是爷爷、奶奶,还是哥哥、姐姐,都会被邀请。会议通常从儿童的演讲开始。儿童可以自己选择向家人展示的方式,可以向家庭成员展示正在研究的阅读策略,可以给他们读一本书或者给他们读一篇自己完成的作品,也可以向他们展示一个数学游戏,或者分享

官方微店

万千教育微信公众号

/ 专业图书，陪伴您的专业成长 /

图书咨询：18610088465（微信同号）

布朗克斯河的观察图。会议参与者做出回应，然后儿童离开桌子去操作乐高积木或其他材料，家庭成员则与教师交谈。

每一名儿童的描述性报告会伴随着儿童度过整个学校生涯。这些报告会被送到下一学年将与孩子们一起工作的教师那里，这使教师能够真正了解每个孩子。这是一种与家庭成员和其他教师交流学生情况的亲密方式，提供了每名儿童在学校工作时最真实的瞬间。

学 校 支 持

安德烈和杰西卡的课堂特写中描述了一种有目的的反思性教学，这是由学校的领导者共同营造的具有支持性的学校环境所促成的。学校的领导者总是及时给予反馈，并且不断思考如何让教师团队齐心协力地工作。每个课堂教学团队每周都会与其中的一位领导会面，旨在帮助教师思考如何加强共同教学关系，如何制订体现差异化的周计划，或者如何支持那些真正面临困难的儿童。领导还定期与教师联系，确保他们获得被支持感。正如杰西卡所解释的：

（学校领导）并没有在我们身边转来转去并要求"确保你们在做这件事，保持步调一致，你们需要在这里学习数学"。他们没有这样做，因为我认为他们知道这不利于我们的教学，也不利于孩子们的学习。他们非常信任我们。他们知道我们需要开放性，就像我们需要给予孩子灵活性来满足他们的需要。

教师也得到了其他学校工作人员的支持——读写教练、数学教练和干预教练，他们会过来询问："你在做什么？我可以怎样支持你？"它可以是关于像布朗克斯河研究这样的具体研究，也可以是关于他们为学生设定的具体目标，或者是关于教师希望发展下一个研究内容的想法。杰西卡继续解释道：

我们每个月与教练见一次面，循环往复。今天，我开始了一个循环，我见了我们的读写教练。她一个月来一次，但她和我在一起工作三天。我们开了一个非常紧凑的会议，讨论我在读写方面的一些困惑。在两小时的会议中，我的专业化水平得到了很大的提高。我感到非常紧张，因为我将在孩子们身上练习一些策略和技巧。第二天，她和我一起走进教室，并看着我做事情。在我开始实践前一天练习的事情时，她耐心地指导我。第三天，我们开始反思：下一步我们要做什么？这有帮助吗？还有哪些让我们感到困惑的地方？这些反思引导我们进入下一步。这并不是说"现在我们要学习一些全新的东西"。这很有趣，因为现在我回想起来，我们的教练对我们做的就像我们对孩子做的一样。所以，我认为我们能有时间坐下来，与教练、共同领导者、学生等每一个人一起反思，这只是一种不断思考的状态，思考你作为一个学习者是什么样子的，作为一名教师是什么样子的，以及我们作为一个学校共同体是什么样子的。

如果教师认为需要有其他人来关注他们的工作，那么会有更多的人来支持他们。一年级教师安德烈和杰西卡经常与相邻年级的同事打交道，这意味着他们可以与学前班教师和二年级教师，有时甚至与更高年级的教师一起讨论和商量。为了做到这一点，学校把教师从教室里解放出来，允许她们到其他教室观察，这样他们就可以了解其他教室的布置以及教师们所使用的工具。用这种方式了解不同年级的儿童如何学习对确保每个儿童学习的连续性是至关重要的。

此外，学校每周举行两次教职工会议。在周一的会议上，工作人员对全校的情况进行大量的思考和反思：午餐室的情况如何，课间休息的情况如何，还有哪些需求？然后在周五下午 2:00，学生全部离校，全体员工有两小时的专业发展经验讨论时间。这些会议涉及不同的主题。有时以学术能力为基础，有时以社会性发展为基础，有时教师会利用这段时间来规划或改善他们的教室环境。在研究布朗克斯河期间，学校做了大量有关身份认同的工作，思考性别、种族以及与社会相关且当前发生的事情（这些与学生有什么关系？它会如何影响教学？）。安德烈总结了这些支持的影响：

我认为这对我们很有帮助。我们在这里确实反思了很多。作为一名员工，我们有很多时间与每个人一起思考。我认为这有助于推动儿童和我们自身的进步。因为我们拥有相同的理念和与儿童相处的方式，因此，这创造了一个非常好的环境。我们的共同规划和反思真的影响了孩子们和我们的能量，因为他们把我们视为一个团队，他们将我们看作一个家庭。这使这个环境成为一个能够学习的好地方，因为我们都很高兴在这里一起学习。

第三部分

支持儿童学习的策略

第十二章
注重读写

在主动学习课堂的所有经历中，学科知识的增长和技能的发展在不断地发生。虽然这本书并不打算且不能为所有学科的教学知识提供深入的指导。但是，我仍要在这里讨论关于读写能力的发展问题，因为读写学习发生在所有的学习经验中。此外，我举例说明了读写以及数学、科学、社会研究和艺术等其他学科如何融入课堂的日常生活。尽管不同领域的教学方法各不相同，但所有学科都有一个共同的基本原则：有意义和有目的的环境为儿童提供了接触、学习和实践重要知识和技能的丰富机会。

读写能力的发展是一个连续的过程

尽管学习并不是在严格的等级阶段中发生的，但我们知道，在扩展学科内容知识的过程中会出现一个大致的阶段或里程碑，在这一阶段中每个儿童以自己的速度前进（Piaget，1952，1970；Piaget & Inhedler，1969）。为了更好地支持儿童的发展，教育工作者需要为儿童提供大量正式的和非正式的、直接的和间接的机会，让儿童在发展的每个阶段都能获得丰富的、积极的经验。

阅读能力的发展

学习如何阅读是一个自然发生的过程，当儿童试图理解世界上随处可见的印刷文字时（如家庭或学校给他们读的书，街上、商店里的招牌等），阅读就开始发生了。强有力的读写能力发展的关键是体验丰富的语言和读写环境，这种环境与学习者及其实际生活经验相联系（Dickinson & Tabors，2001）。成人与儿童交谈、给儿童朗读、与儿童一起唱歌以及让儿童参与有趣的经历的次数越多，儿童的声音、文字和词汇意识就会发展得越多（National Research Council，1998；Snow，1983）。在下面的内容中，我们将简要介绍学习阅读的要素。

声音意识

通过歌曲和节奏游戏（拍手游戏、名字游戏）培养儿童对不同字母发音的意识（音素意识）和对不同声音结构的识别能力（音韵意识）。持续的押韵学习和文字游戏最终会帮助儿童认识到，改变字母或音节就会改变单词的发音。当然，这由教师和其他成年人的有意支持所促成（Adams，Foorman，Lundberg，& Beeler，1998）。

语音和文字意识

认识到不同的发音与不同的字母相连被称为"语音意识"。能够识别熟悉的单词被称为"文字意识"。当儿童开始识别熟悉的食物容器和教室标签上的文字（尤其是他们自己的名字）时，成人可以通过指出对儿童重要的和有用的标签及单词的名称来提供帮助。

词汇

倾听和试读大量的生词是学习阅读的重要部分。儿童阅读及与他人交谈的次数越多，儿童独立阅读的次数越多，他们的词汇量就会增长得越多。事实上，已有研究证实，词汇发展与阅读及整体学业成绩有密切的联系（Snow，1983；Weizman & Snow，2001）。

阅读理解

学习阅读不仅仅是识别发音、字母和单词。最重要的是，要理解印刷文字的含义。因此，教师和儿童生活中的成年人需要对儿童所阅读的文本进行讨论，以确保儿童理解所阅读的内容，并建立读者在阅读过程中如何理解的模板，这一点至关重要。在互动阅读和讲故事的过程中穿插问题和评论，有助于儿童理解。此外，可以为儿童提供利用木偶、道具和短剧等形式复述故事的机会，或给儿童提供画出或写出他们所阅读的内容的机会。然而，由于理解力与关于世界的背景知识有很大的相关关系，因此理解力强的一个关键因素是个体接触了丰富的世界经验（Willingham，2017）。

支持阅读的策略

每天和儿童一起阅读是教师和家长/照料者为支持儿童读写能力的发展所能做的重要的活动之一。在阅读过程中儿童需要用到许多策略，不仅包括语音策略（识别字母），还包括语义策略（从故事的上下文和所用的插图来帮助理解）以及语法策略（从句子结构来理解上下文）。这些被称为"提示系统"（Adams，1998），成人应明确地教儿童如何使用"提示系统"并将此作为他们学习的辅助工具。通过支持儿童使用这些策略，提供与儿童的发展阶段相匹配的接触和指导，通过认可儿童在阅读时做出的努力，鼓励儿童而不强调阅读过程中的错误，教师和儿童生活中的其他成年人应为实现儿童读写能力的最佳发展创造条件。

书写能力的发展

虽然书写能力的发展通常出现在可预测的阶段，但没有人能预测一名儿童需要多长时间才能掌握每一个阶段的任务。书写发展的阶段从标记和涂鸦开始，逐步发展到字母书写、语音拼写，以及常规的单词和符号的使用。

形成记号

儿童的第一次书写尝试，通常都是涂鸦般的记号，朝向四面八方。这些记号通常包括不受控制的且类似于图画的大圆形标记（National Association for the Education of Young Children，1998）。（见图12.1）

图 12.1　早期书写

虽然这些记号并不像文字，但它们确实代表了儿童的一些想法。虽然随意的涂鸦对于成年人而言似乎毫无意义，但它们是儿童所有书写的基础，标志着儿童已经开始学习书写（Teale & Sulzby，1986）。

在书写发展的早期阶段，儿童的书写和绘画通常没有太大的区别。这个阶段的儿童经常会像画物体一样"画"字母。随着传统书写能力的发展，书写和绘画之间的区别变得越来越明显。

书写姓名和字母

儿童自己的名字通常是其书写中可被最先辨认的单词。他们也会复制自己在周围环境中看到的文字。很快，儿童开始用自己名字中的字母来写清单，创建标志，或者记下假装的电话留言。在这一阶段，他们能够在其他地方（如路标或广告）识别自己名字中的字母。他们也开始明白字母的不同组合有其特定的含义（见图12.2）。

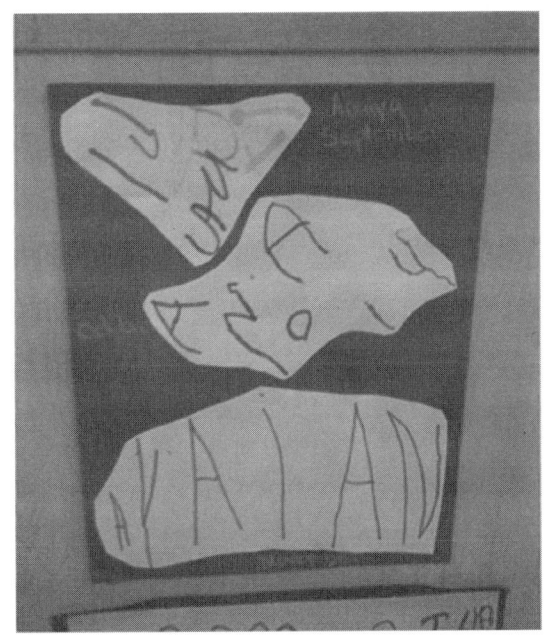

图12.2 书写姓名

书写单词——语音拼写

当孩子们开始理解文字是有意义的，并开始意识到不同的文字有不同的发音时，他们便开始尝试根据语音来书写单词。他们使用熟悉的字母和发音，创造出新单词,从使用一个字母的初始发音代表整个单词发展到使用第一个音和最后一个音代表整个单词,最后在单词里添加代表元音和其他辅音的中间字母(Gentry,1987)。在这个过程中,教师(和儿童的家庭成员)可以帮助儿童将字母与其发音相匹配(见图12.3)。

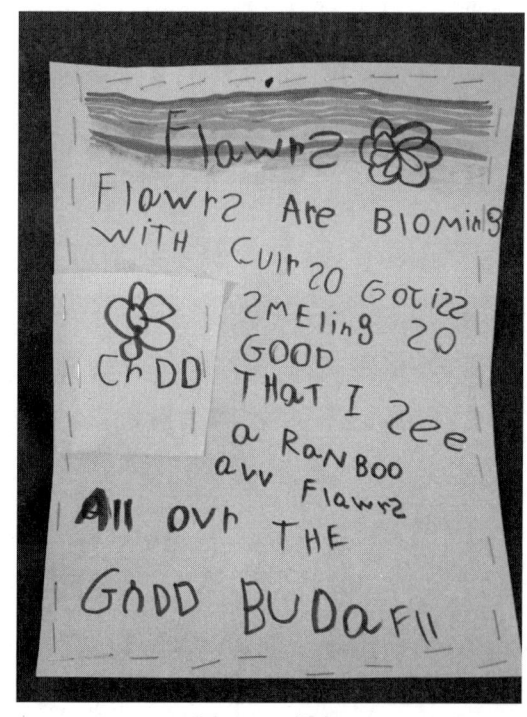

图 12.3　拼音

书写单词——常规拼写

儿童练习书写与阅读的次数越多,被文字环境包围的次数越多,他们使用文本的经验就越多,在书写中开始使用常规拼写的次数也越多。书写从语音和常规书写的混合转变为以常规词汇为主。儿童学习从左到右、从上到下进行每页的书写,他们学习在单词之间留出空隙,学习使用标点符号,开始把单词串在一起进行造句,很快他们就开始书写故事及其他类型的文本(见图12.4)。

图 12.4 常规拼写

在显性教学、有意指导与独立的游戏活动之间寻求平衡

前面所讨论的读写发展阶段的重要技能并不是自发产生的,而是通过显性教学、主动学习过程中的有意指导和儿童在游戏活动中的独立探索相结合而形成的。这三种类型的活动都很重要。第五章和第六章分别讨论了儿童在主动学习中通过有意指导来学习和在游戏活动中通过独立探索来学习。以下是关于如何通过一个平衡读写的教学计划进行显性的读写教学的更多细节(Fountas & Pinnell,2001)。

平衡读写教学法

通过"阅读和书写工作坊模式"(Calkins,1994,2000)能够实现平衡读写教学法。它的总体目的是教师通过提供差异化的教学,以支持每个人的阅读和书写技能的发展。教师首先示范使用阅读/书写策略,这是小型课程工作坊的重点。之后,儿童会在一段较长的时间内独立地阅读被划分成不同层次的文本（选择与儿童阅读发展阶段相适切的文本）或独立地书写，教师会在他们中间进行观察、记录和讨论。在工作坊活动的最后，教师会选择部分儿童向全班同学分享自己所使用的策略及工作。

以下是平衡读写教学法的组成部分。

大声朗读。大声朗读包括教师面向一组儿童朗读。这种经验能够帮助儿童构建文字意识，示范阅读行为（比如拿起一本书，从上到下、从左到右地进行阅读），发展儿童的语音和音位意识，示范流畅且富有表现力的阅读方式。教师通过在阅读前、阅读中和阅读后就书籍提出问题并引导讨论，提高儿童的听力和阅读理解能力。教师通过让儿童接触新词汇，帮助儿童感受到阅读的乐趣。大声朗读可以说是父母和教师能为儿童做的最重要的事情。

分享阅读。分享阅读是一种互动式的阅读体验，主要包括儿童在教师的指导和支持下，进行对一本书或其他文本的阅读分享。教师明确地示范阅读熟手的技能，包括流畅地阅读和表达。分享阅读所使用的文本类型因年级而异，但通常，学前班到二年级的学生会阅读一种被放大了的文本。例如，放在画架或黑板边缘的一本大书，被抄写在图纸上并挂在海图架或黑板上的一首诗或一首圣歌，课堂上的一套图画书，或投影在头顶的一篇短文文本。在阅读的过程中，教师会使用指针或手来指认印刷品上的内容。分享阅读通过示范阅读行为（如从上到下、从左到右地阅读），以帮助学前班和小学一年级学生建立书籍和印刷品意识；通过基于学生的独立水平为其提供解读书籍的指导和重复练习来培养学生的语音技能；通过指导和反复练习，使学生快速、轻松、有表现力地阅读文本，提高学生阅读的准确性和流畅性。

阅读工作坊。在阅读工作坊中，技能在微型课中被明确地示范。微型课由四个部分组成：联系、教学（示范）、主动参与和链接。教师根据自己对班级学生的评估，选择她认为学生所需要的技能和策略。在"联系"这一环节中，她将儿童先前的学习经验与当天所教授的技能联系起来。然后，她向学生陈述教学要点或将要教授的技能和策略。接下来，她使用一本学生熟悉的书，通过示范策略向学生展示如何使用这项技能。她经常使用"自言自语"

的方式来向学生展示她在想什么。在"主动参与"这一环节中,学生可以使用自己或教师的书进行练习。在"链接"这一环节中,教师提醒学生在独立阅读时可以采取所有策略。

独立阅读。独立阅读是指儿童在几乎不需要成人帮助的情况下,自己阅读感兴趣的书籍、杂志或报纸。

指导性阅读。指导性阅读通常指在独立阅读的过程中,当儿童阅读一篇与他们的发展水平相当的文章时(这意味着他们阅读的准确率能够达到90%左右),教师与小组儿童一起练习使用理解和分析策略。教师与一个小组共同练习以支持儿童的阅读,根据对儿童读写发展水平的持续评估来决定小组成员和课程重点。教师要确保选择的文本适宜于儿童练习某项策略(这项策略将能够解决预先确定的阅读需要)。指导性阅读有以下几个目标:建立儿童对书本和印刷品的意识,发展儿童的语音技能,帮助儿童提高阅读的准确性和流利性,发展儿童的阅读理解技能。教授给儿童的子理解策略包括:排序、关联背景知识、推理、比较和对比、总结、综合、解决问题、区分事实和观点、发现主要观点和具有支持性的细节。

词汇学习。词汇学习包括学习词组、单词认读、词汇、语音以及拼写(Rasinski & Zuttell,2010)。这种学习会在阅读区、书写区或小组时间发生。

书写工作坊。书写工作坊与阅读工作坊的功能大致相同。在一节微型课堂上,儿童被明确地教授书写的技巧和策略。之后,他们就开始应用当天学习的技能进行独立书写。书写的主题可以是指定的,也可以是儿童自主选择的任何话题。教师巡回指导并与儿童交流,帮助他们实现目标(Atwell,1989)。书写工作坊活动通常以个人向全班分享作品作为结束。

在书写工作坊中,儿童经历了从想法构思到计划/模仿,再到起草、修改、编辑,再到展示和庆祝这一系列过程。在阅读和书写工作坊活动的整个过程中,儿童从需要获得教师的支持发展成独立学习者,逐步掌握独立理解课文和独立书写所需要的策略。

为儿童的多样化发展提供支持

通过前面所描述的儿童在课堂上所需要的有关读写能力的所有不同类型的学习经验,有一点非常重要的是,我们要记住,虽然一个年级的儿童的年龄可能相同,但他们的发展水平未必相同。儿童的发展具有多样性——既包括发展某些技能的时间,也包括发展不同技能的顺序。一名儿童的读写能力可能比较超前,但其数学理解能力可能有所欠缺;一名儿童可能拥有比同龄人更强的体力,在阅读和书写方面却处于早期水平;另一名儿童可能正在学习一种不同于他在家里所说的语言。事实上,标准是按年级来制定的,这使得教师和学校很难促进儿童这种自然的不平衡发展。如果教育者既能考虑到外界的期望,又能立足于儿童的长处、兴趣及他们在成长过程中所使用的母语,那么对于不同类型的学习者来说,就会增加向前发展的机会。

第十三章
支持儿童学习的教学策略

也许最难做到的是理智的同情与洞察，这能使一个人为另一个人的思考提供条件，同时允许另一个人以自己的方式进行思考，而不是按照我们事先准备好的某个计划。这一点既适用于小学的学科教学（如算术和语法），也适用于成年发现者的反思。目前，我们经常认为，孩子没有权利解决问题或做计算，除非他通过某种形式得以实现。

——约翰·杜威，1914

当我们思考教什么及如何教的时候，接下来这一章的主题则向我们阐明：我们的行动必须基于我们的目的。我们需要时刻铭记我们希望学习者在在校时间里能够学会什么。我们的目标应该为我们提供关于教学实践、课程模式，甚至是组织结构以及学生与家庭的关系的指导（Perrone，1991）。

目的指导教学

当我们思考目的时，我们需要考虑维托·佩罗内（Vito Perrone，1991）提出的问题：我们是否希望儿童知道阅读的原理，但不培养儿童对阅读的兴趣？我们是否希望儿童只进行数学计算，但不用理解计算的含义？我们是否希望儿童服从规则，但不知道如何为自己和社区制定规则和指导方针，以解决人类面临的问题和挑战？

如果我们同意发展理论家和科学家让·皮亚杰的观点，即教育的目标应该是支持具有创造性和批判性的思想家（Piaget in Greene，1978），那么我们就需要磨炼支持这些目标的教学实践。如果我们同意约翰·杜威的观点（其观点现在也被神经科学证实），即儿童总是在学习，学习是他们的天性（Dewey，1938；Shonkoff & Phillips，2000），那么我们就需要找到使学校适应儿童天性的方法，而不是坚持让儿童适应学校。我们的教学目标应致力于支持儿童的理解，培养他们的批判能力、创造力和想象力，支持他们成为人类社会中有爱心和同情心的成员。我们需要为儿童提供机会，使他们能够对世界的复杂性建立自己的理解，而不是被动地学习别人开发的知识。我们需要帮助儿童在想法和他们自己的理解之间建立联系。我们需要帮助他们体验和实践民主，而不是仅仅把它当作一种遥远的现象（Darling-Hammond，1997，2008，2010，2015；Dewey，1916）。

为了实现这些目标，我们要帮助儿童发展持之以恒的能力，管理自己的情绪，充满理解和同情地倾听，提出与产生问题，研究解决这些问题的方法，将先前的知识应用到新环境中，承担风险，不断反思和创新，灵活独立地思考，清晰而准确地沟通，力求精确，富有创造性和想象力，对学习保持开放的心态，能够看到世界的奇妙并产生敬畏之感（Costa & Kallick，2009）。

与目的相匹配的教学策略

各类教学策略都应与目的相匹配。一种教学策略是为儿童提供多种探索、创造与沉浸在现实生活中的机会。大卫·霍金斯（David Hawkins，1965）称之为"混合"，这是一个初始阶段，要求儿童在参与教师指导的活动之前，几乎可以和任何材料进行互动。

其他有助于发展儿童深度思维的教学策略包括：呈现发现和探索的可能

性（在全班和小组中）；传达对儿童及其想法的高度期望和尊重；给儿童提供负责保管所使用的材料的机会；提供练习新技能和操作不熟悉的材料的机会；邀请儿童进行试验，提出解决问题的方法；支持儿童做出决定并指导他们进行调查；通过提问与儿童进行互动，反映儿童所了解的知识，并对他们的工作和想法提供教育性/建设性的反馈（Cambourne，2002）。

提出教育性问题

保证始终遵循上述目标的一个有效方法是避免教学主要依赖于讲述，与此相反，教学应为儿童提供充分的机会，让他们积极参与到自主的活动与体验中。当在这些体验及其他活动（如会议和课程）中与儿童互动时，我们要注意所提出的问题的类型。避免只问那些有预设答案的问题或者答案为是/否、对/错的问题。相反，我们希望为儿童提供更具开放性的问题，即能够激发儿童的思考并引导他们找到答案或找到解答的方法（Harlen，1985）。这类问题通常以"什么""如何""谁"或"为什么"等词语开头。

以下是一些具有教育性的问题的例子，我们将按其复杂程度对其进行讨论，以引导儿童思考、探索和发现。

集中注意力的问题。在探究一个主题时，最基本的一类问题是集中注意力的问题，教师可以通过提出相关问题来帮助儿童学会观察。这类问题的形式是"你注意到了什么？""发生了什么事？""你在里面发现了什么？""你听到了什么？"。这类问题指引儿童观察，并引导他们注意到以前可能没有察觉到的东西。

基本的注意问题。基本问题的延伸是基本的注意问题，它更加具体。例如，一个关于测量和计数的问题。这类问题的例子有："有多少？""有多久？""有多频繁？"

比较问题。基本的观察问题可以引申出比较问题，比较问题在认知上更复杂，旨在让学习者思考差异，进行更清晰的观察。例如："它更长、更强、

更重吗？""你的种子有多少相似和不同之处（形状、颜色、大小、质地、结构、斑纹等）？"这样的问题可以帮助学习者对世界上的事物进行排序和分类。支持这种技能发展的活动包括分类游戏、使用属性块、制作图表和表格。

行动问题。行动问题是另一种类型的问题，它融入了基本的注意问题，并将它们延伸到可以用注意到的东西做什么。"如果……会发生什么？"是一个可以在简单的探索中提出的行动问题。"如果你把切开的植物插在水里会发生什么？""当你把磁铁放在金属附近会发生什么？""如果你把莴苣放在豚鼠的笼子里会发生什么？""当你切南瓜时会发生什么？"这类问题可以帮助儿童发现他们所做的事情与行为结果之间的关系。

然而，为了最大限度地利用这些问题，儿童需要有机会事先进行开放式探索，这将有助于他们了解存在的可能性和不可能性，并熟悉所学科目的特性。这些在提问前进行的开放式探索以及在之后提出的"如果……会发生什么？"等问题，将会更好地帮助儿童解决问题。

另一个行动问题（即预测问题），也能够引导儿童进行思考。例如："你认为如果……将会发生什么？"或者"你能找到方法吗？"。这些特定的问题为真正的问题解决情境设置了可能性，在这种情况下，学习者将面临识别变量及从事更复杂的探究的挑战。

"如何做"和"为什么"的问题。只有在大量的经验和上述所有类型的问题的基础上，教师才应该试图提出"如何做"和"为什么"的问题以及请求儿童提供某种解释的推理问题。即使这样，教师也应该谨慎地使用这些问题，因为这些问题很容易导致以获得"正确"答案为活动目的及教师的"灌输"，而不是让儿童依靠自己的经验做出猜测。为了真正支持儿童的理解，我们希望儿童基于自身的经验来进行思考和推理，而不是别人告诉他们答案。我们希望他们反思自己的经历，建立联系并做出概括。当我们最终提出"如何做"和"为什么"的问题时，确保进行开放性讨论并邀请儿童对他们自己的观察结果与发现自由地表达看法。讨论、对话和分享想法有助于儿童认识新的关系并发展他们的理解。为了营造这种对话的氛围，我们需要确保儿童在自由

交谈时感到安全,不害怕犯"错误",因为"错误"在很大程度上能够反映他们的理解和想法。在第九章提及的伊冯娜的班级中,儿童讨论了其对腐烂的雕刻南瓜的观察。从注意到腐烂的雕刻南瓜开始,他们比较了腐烂的南瓜和完整的未经雕琢的南瓜之间的差异,最后讨论了为什么雕刻南瓜会腐烂而完整的南瓜却没有腐烂的问题。每个儿童的回答,无论是否真实准确,都获得了教师的尊重。

一种表达对儿童思想的尊重的方式是询问"为什么?""你认为呢?"等问题(Harlen, Darwin, & Murphy, 1977)。以这种方式提出问题,表明你不是在寻求"正确答案",而是在试图理解儿童的想法,从而帮助他们弄懂具体情况。

另一种需要谨慎回答的同样类型的问题是儿童自己提出的"如何做"和"为什么"的问题。教师应尽可能地为儿童提供解决自身问题的机会。当儿童询问"为什么"时,教师有时候可能不知道答案。在这种情况下,教师可以引导儿童查阅书籍,或者寻找一位可以提供帮助的"专家"。有时这个问题的答案可能无人知晓,或者有时这个问题会延伸至其他领域的探索,这可能会涉及超出他们理解范围的哲学思考。无论如何,最重要的是帮助儿童理解:问题通常会引出更多的问题,而每个人在发展的各个阶段和整个人生中都会遇到并解决问题。

培养儿童的问题意识

当儿童有足够的机会,可以通过开放式的经验和与教师提出的适当问题相关的活动来构建自己的问题时,儿童就会逐渐获得强大的学习力(Elstgeest, 1985)。为儿童提供一段较长的自选时间,在这段时间里,儿童可以在活动区工作,参与由儿童发起的活动,是一种鼓励儿童提出富含学习可能性的问题的方法。

教师可以利用集体教学时间鼓励儿童提问。例如:第六章中提到在范妮·罗曼的课堂上，儿童提出"火烈鸟会飞吗？"的问题引发了全班儿童对鸟类的研究，并引申出"还有什么会飞？"的问题，引发了全班对飞机的研究。儿童可以被邀请讨论这些有趣的问题，讨论他们观察到的事情，以及讨论在晨会、大声阅读、反思自选时间的活动阶段出现的问题。小组会议上可以进行"每周问题"的例行汇总，可以制作图表以追踪儿童的问题，还可以进行对主题或整个班级参与的研究的思考（见图 6.2）。

支持儿童思考和学习的另一个策略是建立相关规程，这些规程会激励儿童反思他们单独或集体从事的某些工作，并在清单、图表或日记中将这些记录下来。范妮班级中使用的自选时间反思日记（见第六章）和埃玛班级中记录了儿童对地铁的认识的图表（见第八章）（见图 8.3），都是这种反思的好例子。

创设有利于儿童提问的环境

教师可以精心营造整个教室的氛围，以促进儿童的学习，培养儿童的问题意识。教师可以在科学角的展示和收集中添加问题。教师可以与儿童一起创建调查的问题清单，确保任何放置在教室不同区域的工作卡或工作表都是依据可调查的问题而设计的。要记住，让儿童感到既熟悉又陌生的材料具有相当高的催生问题的可能性。

或许，在课堂上建立探究文化，教师能做的最有力的事情就是为儿童示范使用良好的提问技巧。儿童能从教师的行为中学习。如果教师向儿童展示自己是如何反思、思考和追问的，那么儿童将获得如何反思、思考和追问自己的榜样，并以类似的方式行动。

第十四章
倡导多样性

不，一百种在那里。

孩子是由一百种组成的。

孩子有一百种语言，

一百双手，

一百个念头，

一百种思考、游戏、说话的方式，

还有一百种倾听、惊喜和爱的方式。

一百种快乐，去歌唱去理解；

一百个世界，去探索去发现。

一百个世界，去创造；

一百个世界，去梦想。

——洛里斯·马拉古兹，《儿童的一百种语言》

（爱德华兹、甘迪尼和福曼，1998，p.3）

前面的章节已经讨论了支持儿童学习的各种策略。虽然很重要且很有必要，但这些是不够的。如果我们要实现为所有的儿童提供高质量的学习，那么教学策略需要始终回应、关联并维持儿童不同的文化、语言、家庭背景以及不同的优势和需求。在本书的开头，我们讨论了了解儿童、家庭、文化和社区的重要性。下一步的关键是确保这些信息被用于制定教学策略和提供支持，这些策略和支持应是持续的、回应性的及与多样性相关的。具有持续性、文化回应性和相关性的教学包括以下内容：将儿童和家庭的传统文化和语言视为教学知识的资源（Gonzalez，Moll，& Amanti，2005；Moll et al.，1992；Purcell-Gates，2007）；相信所有的儿童都能学习，并支持他们体验自我价值感及自我效能感；重视差异和不同的学习方式；认识到语言发展的多样性，并支持每名儿童独特的发展轨迹；努力消除基于差异的课堂权力失衡状态；支持儿童认识、审问、挑战并改变不平等、不公正、压迫、剥削、权力和特权（Au & Jordan，1981；Ballenger，1998；Banks，2006；García & Frede，2010；García，Lin，& May，2017；Gay，2002，2010，2013；Gonzalez et al.，2005；Irvine，2003；Ladson-Billings，1994，1995，2005，2006；Souto-Manning et al.，2018）。

认识到文化和社区是宝贵的学习资源

成为一名能够积极响应的教育者的关键是发现每名儿童为学习群体带来的优势和"知识储备"（Gonzalez et al.，2005；Moll et al.，1992；Purcell-Gates，2007），以及儿童的家庭和社区所拥有的文化资源（Paris & Alim，2017）。将班级中儿童及其家庭的差异性视为财富而非亏损，承认、重视并将其纳入学校工作，为实现儿童的最佳发展提供关键支持。

为尊重差异，应重视学习者及其家庭，并与之合作。主要包括利用儿童不同的语言、文化、家庭和社区的相关资源来指导课程的开发、课堂氛围的营造、教学策略的使用以及与学生之间的关系。这是通过将儿童的文化和语言融入所教授的学科和技能，并在强调学业、过程和技能的背景下代表不同的种族和文化群体来实现的。此外，教师通过儿童的个人和文化优势、儿童的智能及其先前的成就来进行具有文化回应性、相关性和持续性的教学。实现这一点的方法包括，使用与儿童文化和语言相关的材料和展品（如他们家里的物品，他们的家庭和邻居的照片以及他们的音乐、活动、食物和与传统相关的材料）。与儿童、家庭和社区有直接联系的材料通常比商业生产的产品更有效。例如：当研究"社区"时，一本由教师和儿童共同创作的、使用其社区真实图片的书，比一本购买的、带有普通社区插图的书更容易引起儿童的共鸣。当研究家庭时，家庭货架上的真正食品比购买的"假装"食品更适合放在角色扮演区。此外，关于历史或争议话题的讨论应反映所有参与或曾经参与的人的观点，而不仅仅是主流文化的观点（如土著人对感恩节的看法，构成家庭的各种结构形态等）。

与家庭合作以丰富课程也是开展具有文化回应性、相关性和持续性教学的一个关键因素。被邀请的儿童的家庭成员可以积极参与学校的日常活动，成为讲故事、烹饪、解释和庆祝节日和传统的资源，并引导其他具有文化和语言意义的活动。根据学习者及其家庭的文化参照框架筛选课程和教学策略，文化回应性教学可以使学习更具个人意义，更容易被掌握，更准确地与多样化世界的现实生活相联系（见图2.16—图2.17）。

通过这些方式，具有文化回应性、相关性和持续性的教学旨在用积极的观念取代对有色人种儿童、社区和其他被边缘化或少数群体的歧视观念。通过认识到个人和家庭拥有的潜力、创造力、想象力、独创性、智慧、成就和心理弹性，这种教学方法意在为学习者创造具有建设性的、可持续的学习体验。通过上述做法，这种教学能够反驳儿童及其家庭困在边缘和劣势假设之中的消极思想。它还旨在改变教师忽视或否认多样化的学生及家庭的态度和行为，改变教师认为自己没有知识、技能和意向为非主流的学生提供教学的态度和行为，改变那些实际上持有偏见的教师的态度和行为。这种教学方式鼓励差异的存在。

相信所有儿童都能学习

除了尊重并将儿童的文化和现实生活融入课堂学习以外，具有文化回应性、相关性和持续性的教师还确证、促进并为多样化学习者赋权，以帮助其成功，因为教师相信所有儿童都能学习。如前所述，他们通过依靠学习者的优势和文化背景来实现这一点。教师基于儿童的优势，通过这种途径以确保班级中所有儿童的学习（拓展居于主导地位的"权力文化"的技能和知识，如阅读、书写和内容知识）都得到支持（Delpit, 1988）。这样做可以培养学习者的合作、协作、互惠和相互尊重的能力。

一位具有文化回应性、相关性和持续性的教师也会确保班级中的课程和教学对所有儿童都具有挑战性和支持性。这意味着每个人都具有充实自己、进行创造性和批判性思考并进行高阶思考的机会。学习机会是被平均分配的，不分年龄、大小或所谓的能力。尽管根据儿童在特定技能发展方面的需求进行分组的方式有时是有益的，但小组应具有流动性，不能限制儿童接触那些对于技能发展水平更高的儿童来说同样具有挑战性的内容。这意味着，处于相同早期阅读阶段的儿童可以加入同一个阅读指导小组中（Fountas & Pinnell, 2016），但与此同时，具有较高数学能力的儿童，可以与数学技能和理解力都很高的儿童被分到同一个数学小组中。这也意味着，所有的儿童，无论他们的数学或识字能力处于何种发展阶段，都有机会在课堂上的会议、区域活动时间分享他们在同一讨论、实验、项目和经验中产生的丰富想法和问题。

对儿童学习的进步负有责任，是判断那些相信所有的儿童都能学习的，具有文化回应性、相关性和持续性的教师的另一个指标。如果一个孩子不能理解，那么教师有责任确保寻找另一种方法来支持儿童的进步，而不是责备儿童"学不会"，把责任归咎于儿童能力的缺乏、家庭环境的影响或行动尝试的失败。教师需要尽一切努力获取多种资源，以确保每名儿童都能获得所需的知识并在学习中取得进步。

尊重儿童发展的差异性

一个积极响应的教育者承认、重视并支持这样一个事实：儿童的发展变化是一种常态，而不是一种问题。变化体现在很多方面：儿童学习的速度、轨迹和学习风格，情感和社会性发展的不同阶段，优势、需求和兴趣，儿童表达其所知、所能的方式，以及儿童的社会文化背景影响其学习过程的方式。

教师对这些差异的反应表现在一日生活的安排方式和教室物理环境的创设上，这样一来，儿童就不必总是在同一时间做同一件事。相反，他们拥有充足的时间和空间，以不同的方式做不同的事情。教师为儿童提供了一系列丰富的材料，并为儿童提供了以自己的方式与材料互动的机会。

例如，在一天中安排充分的自选时间，这样儿童就可以选择他们想做的工作，并以他们能够从事的任何方式进行。教师可以根据每个儿童的需求提供不同的反馈。此外，即使所有的儿童从事同一项工作（如书写工作坊），不同的儿童也可能从事不同的发展水平上的内容。再者，教师应接受每名儿童的实际发展水平，提供支架式指导，并根据每名儿童的需求提供不同的反馈。

教师对儿童差异的回应，在教师与儿童互动的方式上也能明显地体现出来，教师应为儿童提供支持和鼓励，以此形成积极互动。正如前面的讨论中提到的，教师寻找、承认和利用每名儿童的优势，这同样是对儿童差异的回应。儿童的优势得到支持，并被战略性地用于解决每名儿童的脆弱点和需求。例如：对一个阅读困难但在艺术领域有特殊技能的儿童，教师可以寻找附有引人注目的插图的书籍供其阅读；或者，对一个对建筑车辆着迷或对体育非常感兴趣的儿童，教师可向其提供相关领域的书籍和书写机会，将儿童的兴趣作为其发展的激励因素，促进儿童读写能力的发展。

支持儿童语言发展的变化

儿童的语言发展也是多种多样的——这是一个多样化、非线性、动态的过程（Byers-Heinlein & Lew-Williams，2013；Cummins，2001）。研究表明，儿童尤其容易接受语言学习，语言能力的发展与他们所接触的各种语言的数量和质量直接相关（Ramirez & Kuhl，2017）。因此，一个反应敏锐的教师，会在儿童现有的语言实践的基础上，通过在课堂上灵活运用语言以识别、重视和支持儿童的语言发展。这意味着使用"跨语言"策略（多种非语言资源，如符号、标志和动作），应将多元语言视为一种资源加以尊重和利用（Garcia & Wei，2014）。教师需要努力让儿童及其家人参与进来，与他们交流，并向他们学习。

并不存在支持年轻的语言学习者的万能策略，因为每个人都是独特的个体。因此，教师应根据来自家庭的信息及在课堂上对儿童的观察来进行个性化的教学。以下是一些有助于确定有效策略的思考要点：

- 儿童的语言背景是什么？他会说一种、两种，还是多种语言？
- 儿童在什么样的环境中接触过英语？
- 儿童是否同时学习两种语言？还是先学母语，再学第二语言？
- 儿童的个人特征、兴趣和经历是什么？

基于上述信息，教师能够为使用任何语言的儿童提供支持和鼓励，帮助儿童在学习母语和英语方面取得进步。然后，教师可以使用他们所知道的知识寻找教室中具有代表性的语言的相关书籍，使用这些语言制作教室标志，并尽可能使用跨语言策略来支持儿童学习。

支持儿童成为批判性思考者

回应式教学要求教师成为批判性思考者，同时支持学习者成为批判性思考者。因此，具有文化回应性、相关性和持续性的教师，在她们的教学方法中包含那些能够培养儿童提问能力和解决问题能力的方法。反应灵敏的教师能够有意识地帮助儿童获得审视社会规范、刻板印象和争议所需的技能。她们在教室里创建空间，针对社会不平等现象提出相关问题，培养儿童看待和尊重多种观点的能力。课堂实践的氛围是公平的、包容的。通过这些方式，教师正在让儿童成为民主社会的积极公民。正如著名教育家琳达·达林·哈蒙德（Linda Darling Hammond）所言："民主教育意味着我们应采用确保公民能够独立思考，能够利用信息、知识和技术等得出自己的结论的教育方式。"

在学前班儿童对不同类型头发的研究中可以找到一些例子；一年级儿童进行的一项关于水的研究包括，调查2017年密歇根州弗林特市的饮用水被污染的原因，以及讨论随后应采取哪些行动来支持该市市民；二年级儿童基于一首诗对皮肤颜色进行了研究，随后儿童创作了一幅由不同肤色的人所组成的美丽的群体拼图画（见图14.1）。

图14.1　皮肤颜色

即使是学前班的儿童也可以对规范提出质疑。回收食物垃圾，讨论时事新闻，对长辈或其他可能被忽视的人采取善举，分享家庭结构的差异，谈论世界中存在的差异、偏见和不平等，对所有年龄段的儿童来说都是丰富的学习资源。

用成功的机会取代障碍

本章描述了重新构建、定位和实施的教学的所有方式，反映了具有文化回应性、相关性和持续性的教学旨在以一种倾向于将学生的多样性视为优势、希望和可能性的观点，取代当前将其视为弱点、问题和缺陷的观点。通过关注和建立不同学习者的优势和心理弹性，文化回应式教学重新定义了许多人所说的"成就差距"，该差距用于描述来自少数族裔背景的学习者的学校成绩差异，着眼于为那些遭受历史性"机会差距"的学习者提供机会的视角和方法（Ladson-Billings，2006）。

这一方法概念化地用成功的机会取代障碍。它为教学建立了这样的概念：

成功产生成功，能力建立信心。根据外部标准，无论个别学生或族裔群体处于多么边缘化或不利地位……其内部仍然具有某种能力。文化回应式教学的关键任务是获取不同种族学生和社区的内在力量，并以此来提高他们的个人能动性和教育成就（Gay，2013，p. 68）。

第十五章
在班级里创建共同体

关爱全体儿童

如果儿童生活在鼓励中，他们就会学会自信；

如果儿童生活在赞美中，他们就会学会感激；

如果儿童生活在羞愧中，他们就会学会内疚；

如果儿童生活在肯定中，他们就会学会喜欢自己；

如果儿童生活在批评中，他们就会学会谴责；

如果儿童生活在接纳中，他们就会学会在这个世界里寻找爱；

如果儿童生活在敌意中，他们就会学会战斗；

如果儿童生活在认可中，他们就会学会树立目标；

如果儿童生活在分享中，他们就会学会慷慨；

如果儿童生活在诚实和公平中，他们就会学会什么是真理和正义；

如果儿童生活在安全中，他们就会学会相信自己和周围的人；

如果儿童生活在友爱中，他们就会知道这个世界是多么美好。

——多萝西·劳·诺特，《儿童从生活中学到什么》，1972

正如本书中的教学案例所呈现的那样——所有这些案例都旨在代表组织

良好、配置丰富的课堂，并且这种课堂可以为儿童提供有趣和有意义的现实世界体验——高质量的教学是对个人以及班级中文化和语言多样性的回应。它支持学习者在掌握关键技能和知识方面取得进步，发展深层理解能力，在想法之间建立联系，并对学习采取批判性立场。这是一种"教授儿童学习方法"的课程（Falk，2008）。

另一个在班级里教授儿童学习方法的关键是营造一种强烈的共同体意识。通过将课堂和学校生活的各个方面作为教育机会，以构建强烈的共同体意识。其中包括日常活动（如午餐和休息），活动之间的过渡环节，以及儿童之间的互动（个人或集体）。本章讨论的这些教学要素通常被认为是非学业性的，但对儿童的学习生活至关重要，在这里被称为"关怀课程"。

关怀促进儿童健康发展

关怀课程承认人际关系的质量在学习中扮演着重要角色。例如：每分钟的互动方式会受到声音、语调，语言、面部表情或其他肢体语言，以及互动中是否传达出一种尊重、关怀和慷慨的意识等因素的影响。现在，神经科学的研究也证实了这一点（Bransford，Brown，& Cocking，2000；Center on the Developing Child，2017；Lally & Mangione，2017；Shonkoff，2017；Shonkoff & Phillips，2000；Siegel，2001）。

神经科学的发现证实了人际关系的重要性

神经科学的发现证实了幼儿教育工作者和儿童研究者长期以来坚持的理论，即儿童早期的人际关系和生活经历会影响其日后的发展和心理健康。科学研究显示，儿童早期的生活经历与人际关系会影响其大脑发育的结构及未来的学习。儿童早期的经历会影响他们的执行功能和自我调节能力，影响其心理弹性以及对认知能力的发展产生影响的情绪发展。

自我调节。执行功能和自我调节能力是使我们能够做出计划、集中注意、记住指令和进行自我控制的心理过程（Bodrova & Leong，2007）。这些技能使我们能够做出积极的行为和健康的选择，并对学习和发展至关重要。

心理弹性。积极的自我调节就是一种心理弹性，是一种能够应付诸如忽视、虐待或暴力等逆境的能力——这些逆境都是有害的压力源，能够实质性地破坏和损害大脑结构。心理弹性的发展得益于保护经验，最常见的是与支持型父母、照料者或其他成年人保持稳定和牢固的关系。这种关系可以缓冲可能损害儿童发展的压力（Pakulak et al.，2017；Shonkoff，2017）。它可以调动希望、信仰和文化传统的源泉，并通过提供指导和个性化回应，促进儿童的自我调节能力和适应性技能的提升，帮助其提高自我效能感。

虽然儿童并非生来就具有执行功能、自我调节能力和心理弹性技能，但他们生来就有发展这些技能的潜力。因此，为儿童提供培养这些技能所需的支持是幼儿保育员和教师最重要的责任之一。推动这一进程的活动包括创造性的游戏、运动及社会交往。这些活动有助于儿童指导自己的行动，应对压力，并在他们必须独自行动之前练习必要的生活技能。成人需要通过建立常规，示范行为，建立和维持支持性的、牢固的关系来培养儿童的能力。成人也需要通过实践神经科学家所提及的"你来我往"的教育理念以支持这些技能的发展（Shonkoff，2017；Shonkoff et al.，2012）。

"你来我往"。"你来我往"指的是儿童与有意义的成人之间的来回互动，从而建立情感纽带的过程。这种互动是关于对儿童注意焦点的关注和回应，可能是一种声音、一个面部表情或一个动作。它还包括对儿童的所说所做或理解的事情进行反馈和命名。即使儿童还不会说话，照料者与儿童之间的这种互动也会帮助儿童的大脑建立重要的语言联系。它向儿童发出这样的信号——他的思想和感情被倾听和理解，让儿童知道他是被关心的；它可以帮助儿童理解世界，了解自己的需求，发展新的词汇。"你来我往"的互动也有助于儿童学会自我控制及如何与他人相处，同时为反应灵敏的成人提供有关

儿童能力、兴趣和需求的信息。

当成人承认并解决儿童的疑问，对儿童的关注点、理解和兴趣做出回应时，他们可以帮助儿童掌握面对生活挑战的技能。这为儿童的终身学习、行为和健康奠定了基础。

通过群体关怀进行管理

哲学家内尔·诺丁斯（Nel Noddings，1984，2013）将关怀定义为持久、互惠和回应性关系的发展。她认为，教师可以通过示范、实践、对话、确证，以及最重要的——充分了解学生来传授关怀。关怀伦理必须是所有教育实践的中心。

儿童需要在充满关爱的群体中发展自我价值感，这是承担真正学习过程中的风险所必需的。在有意义的环境中，儿童需要明确关注技能和内容知识，以实现学业上的有效学习；同样，他们也需要在安全、信任和关怀的环境中，获得促进自身社会性和情感发展的明确支持（Copple & Bredekamp，2009；Raver，2002；Viadero，2007）。

支持儿童心理弹性、自我调节和执行功能发展的重要环节是建立沟通策略的范例，以此为管理情绪和行为提供积极的方法。这包括使用词汇和语调，使儿童能够以积极的方式融入学习和社会环境。

用教育性语言支持良性行为的发展

为引导儿童选择并维持积极的行为，成人需要谨慎而有策略地选择自己的语言和语调，以便有意识地以一种教育性的方法运用语言。例如，当回应儿童的问题行为时，一种教育性的方法是采用谈话的方法帮助儿童思考他们现在做些什么是有帮助的，或者思考做些什么可以改变当下不可接受的事情，而不是斥责或责怪。教师可以说："有人知道为什么我会阻止全班同学阅读吗？因为现在这里太吵了，没有人能够安心地读书。所以请安静。"或者，教师可以说："你知道吗？有小朋友在说一些非常重要的事情，但是他没有被听到，因为同学们没有做到相互倾听。现在轮到乔斯讲话了，让我们认真听他讲话，以表示对他的尊重。"

类似的评论为实现教师希望建立的合作氛围提供了指导，这种氛围能够帮助儿童考虑他人与自己。

不仅仅是语言，语调、面部表情和身体姿势也能传达信息。重要的是要协调使用以表达对儿童的尊重和支持。避免羞辱、讽刺儿童或产生对抗。要使用直接而清晰的语言，把注意力放在你想要鼓励的积极行为上。这里有一个例子：直接告诉儿童该做什么（"请完成你正在做的事情，然后把你的材料放好，和我一起去会议区"），而不是让遵循指示的儿童与不遵循指示的儿童相对立（"妮塔遵守规则，为什么你们其他人不能这样做呢？"）。

另一种指导儿童行为的教育性方法是指导他们需要做什么，而不是询问他们。不要再问："请不要再说话了好吗？"试着说："娜塔莉有重要的事情要说，我们需要全神贯注地关注她。"询问一个在事实上是不可协商的问题，就有可能引起双方的对抗。避免这种情况并让儿童对自己所做的事情有一种归属感的方法是，尽可能地为儿童提供一个选择题，并确保两种选择都有可接受的结果。当教师在一日生活中提供选择时，比如让儿童从两本书中选择他们想读的书，或者让儿童选择用苹果还是橘子做零食（请注意，这两种选择都是教师可以接受的），儿童会在此过程中发展出主人翁意识和投资意识。当教师无法给儿童提供一个选择题时，如果能够向儿童解释原因，而不仅仅维护作为教师的权威，那么这种方法也是有帮助的。例如："你现在需要清理，因为我们该回家了。"

另一种通过语言支持积极行为的方法是向儿童描述该做什么而不是不该做什么。例如：教师可以说"请走路"，而不是"不要跑"；或者说"当你完成后，请把积木放在架子上"，而不是"不要把积木扔得满地都是"。另一种提供教育性反馈的方法是，指向现在的行为（"如果你对她抢夺积木的行为感到不安，那么就用响亮并坚定的声音让她停止"），而不是参照过去的行为（"你总是打其他小朋友"）。

使用这些案例中描述的语言可以映照儿童积极的行为，并引导他们采取适宜的行为。这些语言让儿童看到自己的积极行为会受到关注，以及他们所处的学习者群体如何受益于他们的行动。"我看到你主动提出帮你的朋友清理积木区。这有助于加快清理工作。"这种交流方式能够凸显儿童的优点。

对儿童正在做的事提供反馈比纯粹的评价性反馈更有教育意义，尽管这种评价性反馈是正面的。（不要仅仅说"好漂亮的画"，不如试着分享儿童画中的细节，"我看到你用不同深浅的蓝色来描绘天空"。或者，把"孩子们，你们今天真棒！"替换成"多么美好的一天啊！大家都彼此倾听，齐心协力"。）

另一个需要谨记的重要指导原则是，在与儿童交流时，只谈论儿童的行为及其影响，而不可以谈论儿童自身及其性格。例如："当你像那样讲话时，你会伤害到她的感情"，而不是说"你太刻薄了！"。

另外，尝试具有挑战性的问题解决行为，而不是威胁与行为无关的惩罚。不要说"如果你不停下来，你就只能坐在板凳上休息"，要和儿童一起思考他可以有哪些不同的表现（"当他试图抢你的玩具时，你会有哪些不同的表现？"）。

专注于有益的行为，而不是强调成人的认可。不要说"我喜欢你坐得这么好"，试着说"当你安静地坐着时，我们可以听到对方说话"。

最后，关注儿童在哪方面做得好，并使用强化语言予以评论。寻找每名儿童值得赞许和鼓励的地方，包括那些面临挑战或有困难经历的儿童。当你看到某个儿童做某件事情比较艰难时，叫她的名字并向她做出反馈，让她知道她正在进步（"你在等待轮流的机会，我知道尽管这对你来说很难！"）。或者对小组成员说："你们注意到今天在会议上提出的所有有用的想法了吗？"

创建共同体

通过语言与儿童感同身受,是支持儿童积极行为和在班级中建立共同体意识的重要途径。与儿童共情并说出其感受("我知道等待是很困难的,但是每个人都需要有机会")会比批评儿童的行为产生更多的积极反应,因为批评行为似乎意味着恶意("你似乎喜欢破坏会议时间")。共情还可以与语言相结合,让所有的儿童知道他们是安全的,同时能够改变儿童不可接受的行为。例如:当一个孩子生气地打人时,教师可以阻止他(她)说:"我看得出你很生气。但我不能让你伤害达弗尔。我不会让他那样对你或对待教室里的任何人。你应该用语言来告诉达弗尔你的感受,而不是用打人的方式。"

帮助儿童思考他们的行为和言语会如何影响他人,有助于建立一个关怀的共同体。例如,在班会上,教师可能会说:"请声音洪亮。这样可以让听众更容易听见。"或者,当儿童准备离开教室,穿过学校或活动中心的大厅时,教师可能会提醒他们:"记住,其他小朋友都在教室里工作。让我们小声一点,这样就不会打扰到他们。"类似的交流策略建立在关注儿童优势的基础上,而不是关注他们的弱点。教师帮助儿童用积极的眼光看待自己,引导他们踏上成长和进步的道路。

建立一个关怀共同体的关键是帮助儿童将自己视为有能力的个人及负责任的群体成员。当成人把这些责任和期望传递给儿童时,有助于儿童建立这种自我认知。成人对儿童使用的词语需要传递一种信念,即儿童希望合作、倾听、完成工作。成人使用的词语也应为儿童提供指导,告诉他们如何实现这些目标。例如,不要在直接指导时使用惩罚性的语言("如果你不能清理积木,就不可以在积木区玩"),而要试着指导儿童达到教师想要的结果:"谢谢你和你的朋友们合作,把积木叠成同样大小的一对并放到架子上。当你做完后,请进入会议区。"

这两种说话方式传递的信息截然不同。第一种方式传达的是对儿童遵守规则的能力缺乏信心。它将成人塑造成"强制执行者",破坏了儿童对成人的信任感。第二种方式既为儿童提供了指导,也传达出成人相信儿童有良好的意图,具备责任感,最重要的是,相信儿童会取得成功。通过使用积极的语言,传达出成人对儿童能力和意图的信任,有助于儿童内化积极的身份认同,并发展自我控制能力。

创造一种让每个人都感到同等价值和安全感的氛围,以激发儿童产生有利于学习及群体的行为。无须提供贴纸、糖果或其他物质奖励;不因儿童的消极或积极行为而使其在班级中被孤立;不把儿童梦寐以求的工作作为做好某件事的奖励;不在儿童之间相互比较;不能仅展示在学业上比较成功的儿童的作品。相反,强化儿童的优势,帮助儿童形成良好的自我认同感,并对儿童能够做正确的事情予以信任,逐渐塑造出儿童遵守秩序的、积极的行为。

出现问题可以通过鼓励儿童相互协商、齐心协力地寻找方法,而不是仅仅依靠唯一有答案的权威者(即成人)来解决。这种"通过对话"的方式可以从儿童入学的第一天就开始。例如,儿童可以在班会期间共同建立、生成班级规则(见图 15.1)。这个过程向儿童传达了这样一个信息:我们使用的语言和我们对待他人的方式会影响我们的生活质量。

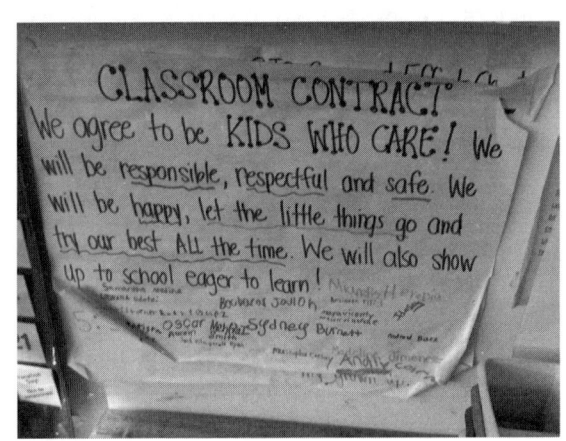

图 15.1　班级共建规则

(班级公约:我们一致同意成为有爱的孩子!我们将会做到负责、尊重他人、保障安全。我们积极向上,认真对待每一件小事,时刻保持全力以赴的状态。同时,要向学校展现我们对学习的渴望!)

其他共同体建设的策略还包括定期进行专注和感恩的练习，制定情感反应课程（如学习"想要"和"需要"以及学习照顾泰迪熊），组织分享活动，邀请儿童相互倾听以了解彼此的生活。相关策略将在第十六章详细介绍。

本章中举例说明的关怀行动和关怀语言，可以在很大程度上避免纪律问题，并在班级中建立一个关怀、民主的共同体。参与这些实践有助于儿童形成自己的内在控制力、对自我的积极认知以及关心他人的能力。这种方式的纪律教育基于引导而不是控制行为。当教育者引导而不是试图控制学习者的行为时，其违反规则的行为就会减少，甚至剩下的大部分问题都可以通过对话和共情的支持得到有效解决（Kohn，2004）。

创造一种对话、民主和尊重的氛围并不是一件容易的事情，特别是因为我们当中有许多人从小就习惯于用奖惩来规范行为。但是，当旧的方式被打破，新的尊重、礼貌和无偏见的指导规范建立起来时，儿童就会感受到被接受和被关怀，继而教师会赢得儿童的协作与信任。在这样的文化氛围中体验人际关系，是任何人在任何地方都能学到的一门深刻的社会学课程。

当你种植莴苣时，如果它长得不好，你不会责怪莴苣。你要寻找它生长得不好的原因。它可能需要肥料或更多的水分，或者更少的阳光。然而，如果我们与朋友或家人之间产生了问题，我们会责怪他人。如果我们知道如何经营这份关系，那么它们就会变得像莴苣一样好。责备不会有任何积极的效果，即使试图使用理论和论证，也没有积极的效果。这是我的经验。没有责备，没有论证，没有争论，只有理解。如果你理解，并且表现出你的理解，那么你就会去真正地关爱他人，情况就会有所改变（Hanh，1992）。

第十六章
金伯利和瓦妮莎的班级所创建的关怀共同体

本章描述了位于纽约市下东区的一所公立小学——地球学校（Earth School）一年级/二年级ICT班级有关社会—情感反应的教学实践。金伯利·弗里奇是一名经验丰富的幼儿教育工作者，瓦妮莎·凯勒是一名经验丰富的特殊教育教师。在共同教授这个跨年龄儿童组的过程中，这两位教师致力于创建一个关怀共同体。

关怀共同体的构建策略

瓦妮莎和金伯利使用的策略如下：引入为期6周的初始课程，为共同体建设奠定基础；创建每月主题分享活动；教授有关"想要"和"需要"的信息；使用泰迪熊，帮助儿童学习共情；提供有规律的点心时间；培养儿童关注和感恩的习惯。

奠定共同体基础

瓦妮莎和金伯利在开学的前6周为班级共同体奠定了基础。在这段时间中，课程内容主要是帮助儿童相互了解和建立常规，包括讲解如何排队和如何做清洁、介绍清理歌曲、设定当天计划、创建使用卫生间的常规和规则，以及教学生如何使用教室中的材料。学生学习材料所在的位置、会议区的坐法、在需要时寻求帮助的方法、如厕的方法、喝水的方法、在学校里如何行走以及成为班级共同体中的一员意味着什么。瓦妮莎解释说，所有的这些事情都很重要：

当你每年都这样做的时候，你会觉得很累赘、很冗繁，但是如果你跳过它，你又会注意到它。例如：我们一次介绍一种材料……我们只有在讨论过记号笔之后才会使用记号笔，我们只有在真正讨论过胶水之后才开始使用胶水。如果你跳过这一步，那么你会发现孩子们并不记得如何使用材料。所以，这是一个非常缓慢的开始。

通过分享日常生活来学习倾听与关爱

大约在开学 6 周后，瓦妮莎和金伯利班级中的儿童开始真正了解彼此。然后，他们开始了他们的日常分享，这是一段被安排好的时间，每个人有一周的时间和大家分享自己带来的东西，每个人带来的东西都是提前分配好的。每个月会设置不同的分享主题。他们从一件夏天的手工艺品开始分享（如一个贝壳、一张他们和家人的照片，或一幅有他们在夏天做的物品的画），然后分享家庭手工艺品。其他分享活动的主题可能是你在周末或假期中做的事情，你最喜欢的食物，你最喜欢的颜色，或者你的个人故事。正如瓦妮莎所解释的：

倾听是我们分享活动的重要部分，我们真的跟孩子们讲了很多关于倾听的事情。不是让儿童仅仅做到在别人讲话时保证在场，而是要求儿童积极地倾听。我们会问他们一些问题，让他们参与到倾听的过程中。共同体的创建源于相互了解。当你了解某人时，取笑他们的可能性就会降低，关爱他们的可能性就会提高。所以我想这就是为什么我们要在这上面花这么多时间。

学习关于"想要"与"需要"

在开学初期，当儿童开始互相分享他们的家庭时，教师会向他们介绍"想要"和"需要"之间的区别。首先，儿童会与全班同学分享自己想要和需要的东西，然后讨论班级共同体想要和需要的东西。因为教室是一个综合的普通教育/特殊教育教室，所以儿童在此过程中能够开始理解群体中的每个人为获得同样的结果会需要不同的东西。自此，教师开始与儿童对话，引导他们创建一个班级章程。教师询问学生在学校里的感受，并列出一长串单词作为答案。然后他们将其缩减为几个词，形成一个章程。这个章程确保群体中的每个人都能感受到"快乐、包容、平静、安全和关爱"。全班学生在章程上签字，然后将其张贴在教室里（见图 15.1）。金伯利解释说："产生那些诸如爱和安全的情感，是我们社会/情感工作的核心。我们希望孩子们了解自己的感受，表达自己的想法，培养对同龄人以及群体中其他人的同情心。"

培养同理心：泰迪熊计划

为支持儿童对个人及共同体中"想要"和"需要"的理解，班级中的每个孩子都获得了一只泰迪熊。受莱斯利·科普洛（Lesley Koplow，2002）作品的启发，教师让儿童将熊视为共情对象来处理自己的情绪。儿童与熊进行角色扮演，以帮助儿童了解如何与同伴相处。一些儿童用鞋盒为他们的泰迪熊建房子，一些儿童为泰迪熊做衣服。所有的儿童都会悉心照顾他们的熊。在这些活动的过程中，金伯利和瓦妮莎邀请儿童把熊视为班级中活生生的成员来对待，并思考他们"想要"与"需要"的东西。

支持共同体的结构

儿童在课堂上探究了"想要"与"需要"的区别后,还共同讨论了社区中其他成人的愿望与需求。他们在学校附近散步,观察不同的商店、机构和社区中的人。接下来,儿童将针对班级共同体发展过程中生成的主题展开一个更为深入的研究。

混龄教室。混龄教室中的班级共同体的重要特点是,它是一个混龄(一年级和二年级儿童)的群体。混龄教室强化了共同体意识,因为它能让所有的儿童相互学习。年长的儿童往往是教室里的领导者(无论是在学习方面,还是在制定教室规范和营造班级氛围方面),能够帮助指导一年级学生(尤其是在学年开始的前6周)。正如金伯利所解释的:

因为二年级的学生已经了解了班级常规和目标,所以他们为新来的学生树立了榜样,让新生的过渡时间过得更快、更顺利。通过这种方式,儿童可以从同龄人那里受益,从彼此身上学习日常生活常规。

协作教室。这个教室不仅是一个混龄班级教室,事实上它还是一个协作的(普通教育/特殊教育)教室,为处于不同学习阶段的儿童创造了一个包容的环境,让他们有机会相互分享和澄清事情——可以是大孩子向小孩子解释什么事情,也可以是一个小孩子与其他人交流或询问他人问题。正如瓦妮莎所强调的:

当你在教别人或询问别人问题的时候,你正在把这个问题理解透彻,并且通过这种方式学到了很多东西。在任何一个班级(无论是在混龄的教室,还是在单一年级的教室)中,群体中都会存在许多不同的需求和优势。当你处在一个混龄班级中时,没有人会因为一些可能在另一个群体中会被视为弱点的方面而被孤立。我们都是同一共同体的一部分,所有的学习者都在一个房间里。我相信,这有助于让每个人都感受到被欢迎、被支持和被容纳。

点心。教室里每天都提供点心。点心时间不仅满足了儿童对能够维持他们在校生活的"一点小东西"的需求，而且作为一段特意留出的时间，能够让儿童一起坐下来放松片刻。瓦妮莎解释说："每个人在学习之前都必须先获得舒适感。因此，点心时间是一天中重要的组成部分，是一段可以休息的时间。儿童可以坐下来吃东西，在餐桌旁聊天。"教师鼓励儿童轮流分发餐巾纸和准备点心，等到每个人都得到了食物，确保每个人的食物都足够，再开始享用。儿童之间互相服务，彼此交流，不在教室中大喊大叫。这是一天中创建共同体、学习为他人着想的重要时间段。

练习专注和感恩

在瓦妮莎和金伯利的班级中，另一条有助于培养共同体意识的策略是练习专注和感恩。

专注。教师在班级中使用了几种练习专注的技巧，以帮助儿童主动地控制和疏导自身的情绪。为了帮助儿童在班级会议上安静下来，教师让儿童一边数手指，一边做深呼吸。或者教师邀请全班同学把注意力集中在一个装满亮片的罐子上，然后把罐子翻过来，直到所有的亮片都落在罐子底部。这些方法能够帮助儿童抚慰"内心的龙卷风"，并在会议开始前获得平静，以便他们能全身心地专注于课堂工作。

感恩。教师经常鼓励儿童通过练习来认识和欣赏彼此。比如，在一天活动结束时，儿童围成一圈，互相握手，以表达对彼此的欣赏。一名儿童会和另一名儿童握手，并说："科菲，谢谢你成为我们集体中的一员。"科菲会回应她的握手，并表示："玛丽莎，谢谢你成为我们集体中的一员。"然后，科菲会转向旁边的儿童，做同样的事情，有时还会补充说："阿玛里，谢谢你成为我的朋友和我们集体中的一员。"这个过程一直持续到每个人都有机会与别人握手并表达感激之情。这种仪式在群体中创造了一种和平和被接受的氛围。随后儿童会演唱一首包含多种语言的、简单的告别歌，这也是对班级文化的多样性的回应。

游戏、主动学习与共同体建设

在瓦妮莎和金伯利的一、二年级的教室中,游戏和主动学习扮演着重要角色。

儿童通过游戏学习

正如瓦妮莎所解释的:

游戏之所以重要,有很多原因。其中一个原因是儿童有机会通过具体事物和大声表达来进行交流,儿童在学校中不会经常获得这种机会。

孩子们通过协商游戏(轮流)或者想象游戏学到很多东西,并且从游戏中很小的事情(如这个游戏中可以有多少个公主分享到积木之类的问题)中获得学习。还有一个方面就是,儿童通过材料学习。我们在这个房间里看到了一些令人非常惊奇的工程,以及一些会让你对如此年幼的孩子感到惊讶的艺术/创造力。还有……我们会试着给孩子们提供一张自然桌(金伯利经常从她的远足旅行中带回很多东西,孩子们可以玩一些他们在城市里不一定能接触到的东西)。

金伯利补充说:

在一、二年级,游戏是必不可少的,因为这两个年级仍然是早期教育阶段的一部分。在如今的教育体系中,有一种推动力试图让儿童进行更高水平的阅读,花更多的时间坐在椅子上,用纸和笔工作;儿童很少有时间参与游戏,无论是独自游戏,还是与同伴共同游戏。另外,技术的复杂性也在不断提高,更多的儿童将校外时间花费在电子屏幕上,他们错过了那些通过游戏获得互动和社交联系的机会……儿童是在游戏中的全部互动中学习。如果人们观察儿童，有时候他们会想，"哦，孩子们只是在玩游戏，而不是在学习"，但是实际上，他们学习了很多！他们一直在体验新材料。他们会获得很多在其他地方得不到的实际体验。同时，儿童在彼此交流和相互沟通中受益，这也是很重要的一点。孩子们尝试驾驭冲突和规则，通过游戏来进行对话、玩耍和角色扮演，并练习控制自己的情绪，这些对这个时代来说都是至关重要的经验。如果我们现在忽略这些，那么孩子们在以后的生活中会发现他们错过了这项重要的经历。

为了将"游戏对幼儿学习很重要"的信念付诸实践，金伯利和瓦妮莎在教室中放置了一些在二年级通常不会存在的材料。这些材料包括积木、可操作材料和游戏材料，还有一个玩偶屋，以及一个放置了需要被照顾的娃娃的角色扮演区。瓦妮莎强调：

今年，我发现班级中有一件非常有趣的事情：更多的男孩喜欢去玩偶屋以及照顾娃娃。我想也许是因为他们以前没有机会玩这些东西。这是一个很好的机会。通常，男孩总是喜欢进行一些打闹游戏，让自己变得具有男子气概，并且不会轻易地表现出自己的情绪。但角色扮演区为他们提供了一个能够展示自己养护能力的机会。

集体开放工作时间

瓦妮莎和金伯利每天都将对幼儿游戏的承诺付诸实践，他们为儿童提供了一个名为"开放的工作时间"的时间段（见图16.1）。在这段时间中，儿童可以选择他们想做的工作。在工作时间启动前，儿童会聚集在会议区，选择当天他们想做的事情。选择范围包括乐高、阅读、玩偶、角色扮演游戏、积木、自然研究、书写及数学操作。

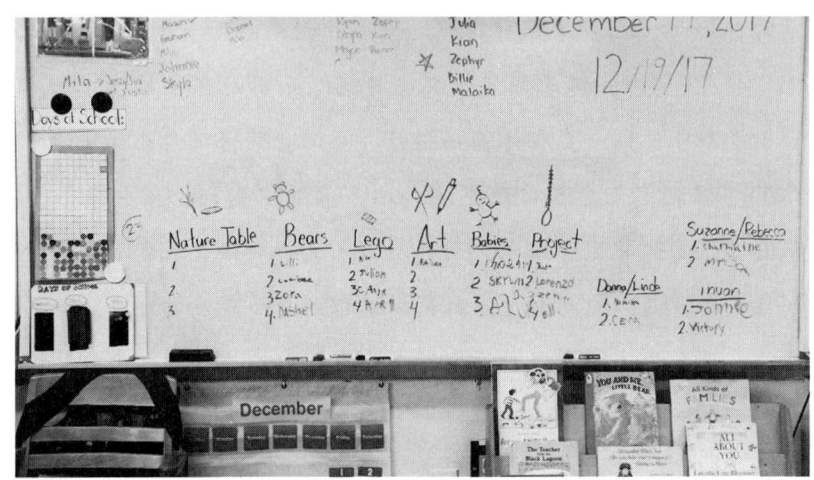

图 16.1　工作时间选择

当所有年级的学生在同一时间段开展开放工作时间的活动时，这个选择时间就会扩展到整个学校，每周进行一次。这被称为"集体开放工作时间"（Community Open Worktime，简称 COW）。在集体开放工作时间中，儿童可以参观其他教室和年级，并和其他儿童一起工作，有时也会参加同一时间段的俱乐部活动。在进行实践的一年中，一个五年级的学生依托集体开放工作时间经营了一个折纸俱乐部。每周，他都会去每个班级召集想参加俱乐部的儿童。在集体开放工作时间中，还有一个舞蹈俱乐部、一个足球俱乐部和一个武术俱乐部。有时二年级的学生会选择去拜访三年级的学生，以确认他们未来可能会面临什么。有时儿童会选择回访他们过去的教室，与他们的老朋友和过去的老师在一起，并操作他们记忆中最喜欢的材料。

集体开放工作时间也为家庭参与打开了大门。任何有特殊技能或知识并希望向学校或班级分享的家庭成员，都可以在集体开放工作时间加入小组，共同工作。例如：一位家长开办了西班牙语俱乐部，另一位家长则提供脸部彩绘服务。

总的来说，集体开放工作时间为整个学校提供了共同体建设的经验。

在以活动为基础的教室中学习技能

人们经常询问金伯利和瓦妮莎,如何在基于活动的课堂上教授一年级和二年级学生所期望的重要的读写、数学和其他内容领域的技能和知识。

读写学习。他们的回答中的一部分内容已经得到了研究的支持。研究者(Ravachew,2010;Shonkoff,2017;Snow,1983)认为,早期读写能力通过语言交流而逐步发展,交流与倾听是其发展的重要基础。因此,儿童在游戏中的交流和倾听是读写能力发展的重要组成部分。教师还解释说,拥有丰富多样的现实经验也是读写能力发展的一个重要前提。读者需要背景知识来帮助他们理解文本。这就是为什么所有儿童参与的游戏、材料、旅行和散步都有助于其建立读写技能发展所需的一般性知识基础。

但在瓦妮莎和金伯利的班级中,儿童并不仅仅通过游戏和动手活动来学习技能。他们还会定期举办阅读工作坊,包含明确指导发音和其他技能的读写课程,以及大量的故事朗读活动(其中许多故事的主题侧重于教师在班级中所强调的社会/情感问题)。班级中每天都会开展小型的阅读指导小组活动,这样教师就可以依据儿童识字发展阶段的实际状况向前推进,而不是给每个人分配相同的任务。书写工作坊(Fletcher & Portalupi,2001)的时间设置也是课程安排的一部分。

数学学习。每天以小组为单位的数学任务也需要儿童完成。所有课程均采用发展性方法。游戏是这项工作的重要组成部分。尤其在数学学习方面,儿童应把大量的时间运用在操作上,通过解决现实问题来体验数学。这种方法背后蕴含的基本原理是,要确保儿童不是生搬硬套地用纸笔进行方程运算,而是要增强对自己所做事情的理解力。

通过思想交流学习技能。在瓦妮莎和金伯利的班级中,儿童通过分享在集体中产生的想法来学习技能。他们都知道,采用他人的想法并在此基础上建构自己的想法是可行的;事实上,交流彼此的想法就是小组学习的意义

所在。正如瓦妮莎所解释的：

我们鼓励在集体中分享观点并互相倾听。我们真的需要努力去创建一个能够做到这一点的共同体，让人们在分享自己的想法时具有安全感，尽管他们所分享的观点可能不是"正确答案"。我们试图帮助孩子们理解，他们的想法可能会指引我们找到答案，或者可能会给我们提供其他新的想法。分享一个想法，然后进行对话，并让孩子们主导对话。如果有不同的想法，那么可以进行辩论，并询问"为什么你认为这个想法比另一个想法更有价值？"，或者询问"你是如何产生这种想法的？"。这类分享会引导出更丰富的对话。

十亿牡蛎计划。 瓦妮莎和金伯利的班级在进行这项研究期间，一项关于牡蛎的研究开始了，教师计划将其纳入课程。金伯利之所以引入这一项目，是因为她参与了"十亿牡蛎计划"。这是一项全市范围内的倡议，旨在将十亿只牡蛎投放到纽约市的水道中。这一举措仿效该市之前种植 100 万棵树的做法，这项努力不仅能够美化城市，还能够防治污染。把牡蛎放回水道不仅是为了过滤水道——一只牡蛎每天能过滤 95 升水，也是为了引发公众关注人类污染对地球系统所产生的影响。

金伯利将牡蛎放在教室中的一个水箱里，它们将在那里生活。金伯利还将牡蛎放在一个笼子里，并将笼子置于东河中。她将在春天带领全体儿童去河边观察并记录那些牡蛎的情况。把牡蛎带进教室的隐含目的是遵循班级和学校的基本原则——关爱彼此，关爱地球；同时这与学习如何处理邻里关系、社区关系以及在纽约市人们如何相互交流的课程目标相一致（见图 16.2）。正如金伯利所解释的：

牡蛎是纽约市存在的生态环境基础的重要组成部分。这意味着什么呢？在牡蛎身上发生了什么事情呢？我们怎样才能把它们带回来？随着这些工作的进行，孩子们获得了很多实践经验。他们在观察、触摸和研究事物的兴奋中茁壮成长。

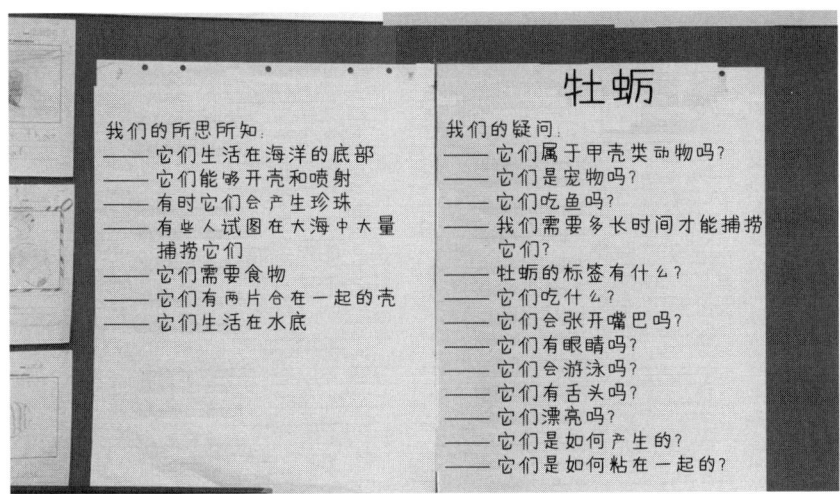

图 16.2 牡蛎图表

实行民主

金伯利和瓦妮莎在班级中使用的共同体建设策略和举措不仅有助于创建一个有纪律和关爱的环境，还有助于强化班级儿童的学习。通过游戏和主动学习的结合，以及对社会和情感反应的关注，儿童被支持进行探究和深入思考，了解和理解周围的世界，尊重和关心彼此，思考他们的行为对人类社会的影响。对于让我们的下一代为维持一个公平公正的民主环境做好准备，还有什么比每天在班级里进行民主实践更好的方法呢？

第十七章
家校合作

父母/家人是孩子的启蒙教师。所有在学校中有关家庭的政策都需要基于这一事实。教育工作者一定不能忘记,家长对他们的孩子的了解是充分的,也是重要的,这需要引起重视。儿童在进入学校时带有来自其背景和文化的丰富知识,而且儿童的学习建立在其先前的知识和经验的基础上,因此我们需要了解并尊重儿童进入学校时各方面的背景。

研究表明,当儿童体验到家庭、学校和社区中友爱的成人的支持时,他们将获得最大化的发展(Brown & Reeve,1987;Gonzalez et al.,2005;Rogoff,2003;Sampson,Sharkey,& Raudenbush,2007)。儿童成长的社会和经济环境(从出生前到生命的前几年)不但会影响儿童学习的质量和程度,而且会影响关系(特别是对儿童发展和学习具有很大影响的主要照料关系)的质量(Bowman,Donovan,& Burns,2001;Shonkoff & Phillips,2000)。亲密和牢固的早期关系能够为儿童提供爱、养育和安全感,能够对其需求做出回应,强化联系,鼓励参与和探索,这些也是促进儿童最优发展的关键。如果儿童没有这样的养育环境或至少一种亲密而牢固的关系,他们的发展就会受到严重干扰(Garborino,Dubrow,Kostelny,& Pardo,1998;Shonkoff & Phillips,2000)。

将这些经验落实到学校,就意味着让家长成为学习共同体的合作伙伴,并允许他们以各种方式提供帮助,在支持儿童学习方面发挥重要作用。除了让家长有机会进入学校,学校还需要提供机会以提高家长对学校教育理念和实践的理解，特别是当这些实践与家庭成员过去所接受的教育方式不同时。家庭成员对学校的理解和支持越多，他们就越能够帮助儿童学习（Epstein & Sanders，2018；Falk，2008）。

本章就如何通过多种沟通机制和结构培育家校合作关系提出了建议。

构建共同体的通信工具

发展家庭和学校之间的多种沟通渠道，有助于家长和教师建立共同的目标和理解，从而形成一个更有效和更具凝聚力的教育共同体。班级和学校都需要沟通渠道。在班级层面，沟通渠道包括教师课程信函、调查问卷、电话联系家庭成员、家庭作业笔记、进度报告、家庭会议和班级会议。在学校层面，学校可以通过主任或校长通讯、家长协会以及全校家庭会议来促进家校交流。

教师课程信函与家庭作业信函

教师与家长就儿童在课堂的学习情况进行沟通，对建立牢固的家校合作关系至关重要。班级"课程信函"（每周、每两周或每月发送一次）包含对班级中的学习和活动的书面说明，是分享当前班级学习现状的一种有效方式。课堂通讯可以为家长提供近期学习经验的重点，解释不同的教育实践（例如：一日生活中的"晨会"时间是什么，以及它如何促进儿童读写技能的发展），并就如何支持儿童的学业学习向照料者提出建议（例如：如何为儿童朗读，如何选择合适的书，如何介绍新书，如何听儿童朗读等）。表17.1是一位幼儿园教师的课程信函摘录，它体现了课程信函的一些作用。

表 17.1　课程信函

亲爱的家长朋友们：

我们将在本月的阅读与书写工作坊中学习以下单元：

阅读工作坊单元：同伴对话与理解

书写工作坊单元：个人叙述

以下是支持儿童在家中进行相关工作的方法：

阅读研讨会：
- ◆ 与孩子一起阅读或在孩子独立阅读完一本书后，让他们与您谈论故事中发生的事情。
- ◆ 与孩子谈谈故事中有趣/悲伤/快乐的部分。
- ◆ 让您的孩子试着用第一个字母、最后一个字母和图片找出书中的单词。

书写研讨会：
- ◆ 写一个关于孩子生活的故事。
- ◆ 练习写一个句子。
- ◆ 通过发音来练习拼写新单词。

数学研讨会：
- ◆ 在家里寻找 3D[1] 形状。
- ◆ 讨论 2D 和 3D 形状的不同之处。

重要的是，我们将继续为您孩子的成功而共同努力，如果您有任何问题，请随时与孩子的教师联系。

真诚的祝福，

幼儿园教师

有时，教师也会用课程信函来分享他们认为可能会让家长感兴趣的资源（比如有用的育儿技巧或励志的诗歌），或者让家长填写问卷，提供信息，以加强教师对每个孩子的了解。表 17.2 是一个在学年开始时向幼儿家长分发的调查问卷的例子。

表 17.2　调查问卷

1. 您的孩子对幼儿园感受如何？您的感受如何？您有什么特别担心的吗？
2. 您的孩子以前上过其他学校吗？在哪里上的？上了多长时间？体验如何？
3. 您家里还有其他孩子吗？他们相处得如何？
4. 您的孩子最喜欢做什么事情？他的性格活泼还是安静？

---

[1] 是英文"3-Dimension"的简称，中文指"三维"，即"立体的"；2D 指"二维"，即"平面的"。——译者注

（续表）

5. 您的孩子喜欢读书吗？可以独立阅读吗？读书的频率是多少？他（她）最喜欢什么类型的书？
6. 您的孩子的食欲如何？是否对某些食物过敏？厌食吗？有没有需要忌口的食物？
7. 您的孩子是否有其他的健康问题？

有时教师会发送信件，邀请家长参与活动或为班级贡献活动所需的物品。表17.3是一封邀请家长参与班级生活的信。

表17.3　邀请信

亲爱的家长朋友们：

你们有很多机会参与我们的班级生活。请让我们知道你们希望参与的形式。请勾选所有适用的项目，并补充任何其他信息：

- ○ 我可以参加班级旅行。时间为星期一、星期二、星期三等。
- ○ 我愿意帮忙缝纫。
- ○ 我愿意做教室里的志愿者，帮助烹饪或其他特殊项目。
- ○ 我知道如何使用计算机，并能帮助"出版"儿童作品。
- ○ 我愿意向全班同学分享我的工作或才能。

教师也可以通过其他方式与家长进行交流。随家庭作业附上的信函可以解释家庭作业的目的和其中所包含的技能，还可以包括指导照料者如何帮助儿童完成作业的说明（见表17.4）。由于如今的教学方法通常不同于照料者在学校时所经历的，因此如何帮助儿童完成家庭作业的建议往往会对儿童的学习产生至关重要的影响。例如：这些建议有助于避免儿童感到困惑，因为当学校进行减法教学（十位上的"1"实际代表"10"）时，儿童可能从家长那里接收到一条不同的做减法的信息——拿走"1"。

表17.4　家庭作业信函

家庭作业

您的孩子的家庭作业是在每天下午或晚上至少阅读15分钟。无论是否存在其他作业，这项作业要求每日完成。

这里的阅读，是指您的孩子可以：

◆ 倾听他人朗读古诗；

（续表）

- 为您或其他家庭成员读书；
- 独立阅读、浏览或探索图书、杂志、报纸及其他阅读材料；
- 阅读班级中教授的诗歌和歌曲。

通过反复阅读和学习这些材料，您的孩子将有很多机会能体验作为一名读者的成功。

家庭作业书籍

您的孩子很快就会开始从我们的教室图书区借书，以供他完成日常的阅读作业。您的孩子将自主选择他想要阅读的书籍。很多书是我们在课堂上一起读过的，还有一些书对您的孩子来说可能是新的。他可能会不止一次地读某本书。

- 如果您的孩子选择一本他们想读给您听且有能力读给您听的书，那么他的家庭作业就是把书读给您听。
- 如果您的孩子选择一本他们可以在成人帮助下阅读的书，那么他的家庭作业就是与您一起阅读这本书。
- 如果您的孩子选择一本他们自己无法读懂的书，那么他的家庭作业就是听您将这本书读给他听。

第二天孩子必须将所有的书归还学校。还书和选书将成为孩子早上入学环节的一部分。我们的目标是让您的孩子每天晚上带一本书回家阅读。如果您的孩子因为某些原因没有归还他的书，那么教师可能就不允许他再拿另一本书了。这样我们就不会找不到书了。

孩子非常想把书带回家读。借一本书作为家庭阅读资料，并在第二天归还，对儿童来说，是一个很大的责任。您的孩子需要您的帮助来养成照管这些书的习惯。书将被装在结实的拉链袋里由孩子带回家。请教导您的孩子读完后仔细地将书放入拉链袋，然后立即放入自己的书包。为了保护所借的书，孩子每天带书包上学是很重要的。这将有助于避免书的损坏和损失。若遗失书籍，需交 5 美元的补偿费。

无论使用何种通信方法与家庭成员共享信息，教师都应尽可能将其翻译成班级中所使用的语言。为了加强家庭和学校之间的交流，学校可以建立一个系统，确保课程信函、家庭作业信函和其他重要的学校信息都被收集在一个地方，并能真正地传达到家长手中。为每个儿童准备一个"带回家的文件夹"是一个有效的方法。可以要求照料者在信函附录的回执上签字，以表明消息已被阅读。

班级会议

班级教师和学生家庭成员之间的会议是班级共同体成员相互了解并有机会解决他们的问题和担忧的有效方式。大多数学校在一年中会多次以"开放学校之夜"的形式举行聚会。这些会议可以成为讨论班级、学校或一般教育问题的平台。这些会议可以为班级共同体提供一个探讨感兴趣话题的机会，如读写能力发展、数学、测试、冲突解决、沟通以及纪律技能、兄弟姐妹竞争、健康教育或与文化多样性相关的问题。无论是由班主任、校外"专家"，还是由学校教职工代表主持的会议，只要是有关教育问题的会议，都可以作为讨论课堂教学理念、价值观和实践的平台。

在这样的会议上，教师也可以邀请家庭成员参与孩子在白天进行的活动，让家长感受孩子的学校经历。例如：照料者可以有机会搭建积木，进行数学操作，参加班级会议以及使用孩子在课堂上参与活动时所使用的其他材料。对父母和监护人来说，这样的亲身体验能让他们更深刻地理解孩子的学习生活，而不仅仅是谈论它们。

为了确保参加家庭会议的人数最大化，在晚上举行家庭会议有助于关照在白天工作的父母和照料者。虽然在这段时间举行会议可能对有工作的家庭成员有利，但它带来了其他的挑战（如儿童保育和交通）。这些挑战可以通过以下几种方式加以解决：对于那些难以支付晚间会议所需的额外往返交通费的家庭，学校可以设立交通基金，可以报销那些有需要的家庭的公共汽车、地铁或私家车费用。同样，对于没有其他人陪伴子女的家庭，可以在会议地点提供儿童保育服务。如果有孩子在场，会议可以提前举行，这样每个人都可以在合理的时间到家。为了让大家更容易早到学校，家长们可以在会前吃顿便饭。注意到上述问题将能够提高会议的参与度。

提供学校的教学资源

除了向家长报告学校里日常发生的事情外，还可以向家长发送便条，解释课堂教育实践的影响或潜在目的。这样可以帮助家长获得诸如读写能力发展、数学新标准或标准化测试等问题的新观点。这些便条还可以包括来自杂志、期刊或其他教育资源中有关教育问题的文章或给照料者的建议（如优质的多元文化书籍清单）。此外，教师还可以就如何处理与儿童发展相关的问题和家长关心的问题（如纪律问题、儿童在假期前所经历的压力问题、对过多屏幕时间的担忧、如何处理儿童对敏感话题的问题或者如何以建设性的方式与儿童沟通）与家长交换意见。

多样化的沟通论坛使教育工作者能够交流想法，并邀请家长和监护人表达他们的问题和关切，总的目标是了解彼此的观点。这对增强家庭支持至关重要，而家庭支持对于儿童人生观的形成和实践又是很重要的。

与家庭保持联系的其他方法是：把班级中所有家庭的通讯录放在一起，以便家庭间相互联系；在班级或学校中提供教育讲习班，提供可使用的资源（涉及健康、育儿、普通教育发展、语言支持、移民咨询等），或者为儿童寻找资源（如夏令营、课外辅导项目、公共图书馆、当地大学或社区机构的教育项目等）；通知家长参加重要的社区会议，分发有关教育问题的文献，把资源（如免费书籍计划）带入学校，丰富每个人的生活。

在班级中运用家庭资源和知识储备

正如前几章所指出的，利用家庭的资源和知识也可以加强家庭与学校之间的伙伴关系。可以招募家庭组织聚会、早餐会、音乐会和文化表演等活动。像这样的活动为家庭及其儿童提供了在娱乐和教育环境中共同社交的机会。家庭也可以通过其他方式参与到班级或学校中，并为之做出贡献。例如：作为护士的家长主持急救工作坊；作为平面设计师的家长，为班级或学校设计标志、T恤和日历；作为新闻记者的家长为儿童举办报纸书写讲习班；作为业余杂耍表演者的家长为儿童进行一场演出；还有一位作为木匠的家长，正在为一个造纸项目制作框架。其他家庭成员也可以做出其他贡献（如带一位是舞蹈演员的朋友，在班级中开展舞蹈工作坊；或者带一个外籍亲戚，分享他们国家的有代表性的舞蹈或鼓乐）。

家长和监护人也可以将他们的文化资源带到班级中以实现家庭参与。如烹调一份特殊的家庭食谱或组织一个特殊的艺术项目，分享自身文化中的音乐或讲述他们文化中的故事（见图 2.16），捐赠所需的用品或以其他方式为班级提供帮助。家庭成员还可以分享自己的通讯信息，社区中的趣味事件（学校董事会选举或巴里奥博物馆的家庭日），有关社区成员的生活新闻，有用的服务或资源，有关养育或教育的文章，由护理人员编制的对事件、课程、筹款活动进行反馈的问卷，针对人们可能希望如何更多地参与其中的问题而提出的建议。来自家庭的反馈可以成为指导学校未来活动和实践的重要参照。

家长和监护人还可以通过诸如植物义卖、书展、树和花环义卖、节日野炊或每年一度的儿童艺术作品义卖等活动，为班级或学校筹集资金。他们还可以组织一些活动，向儿童示范如何帮助他人（如为无家可归的人提供生活用品、为有需要的人筹集食物、为遭受自然灾害的人提供支持等）。

家庭参与的持续性与最大化

家庭参与能够在班级的日常生活中得到促进、强化和支持。为此，教育工作者可以采用以下问题作为指南：

- 家庭的优势是什么？
- 家庭的需求是什么？
- 如何识别这些优势和需求？

- 是什么鼓励或妨碍儿童的父母及照料者表达他们的担忧或积极参与?
- 鉴于班级中的多样性,如何做到鼓励和欢迎拥有不同种族、语言、经济、教育和性别背景的家庭充分参与?

挑战

家庭成员对上述问题的回答可以为教师提供丰富的信息,这些信息将用于制订全面的伙伴关系计划。接下来的挑战是找到建立信任关系的方法,让家庭真正地参与进来。因为大多数学校的家庭参与局限于传统教育事务的边缘领域。因此,我们需要扪心自问:如何才能消除家庭与学校之间的障碍?如何创造参与的机会以适应大多数家庭所经历的忙碌生活?

另一个需要考虑的挑战是,当家庭确实有更多的机会参与班级或学校的教育生活时,困惑、不确定性和困难也会接踵而来。对于家庭来说,这是一个陌生的领域,权力的范围可能不明确,因此,边界和规则可能变得模糊。在家长和教育者对于教育理念、教学方法和课程开发的观点之间找到适当的平衡点并不总是件容易的事。

本章中介绍的多种交流载体有助于家校之间消除分歧、提出新见解、巩固和加强关系。尽管前进的道路有时可能崎岖不平,但教育工作者有责任向社区和家庭透彻地解释观点,以使其计划和实践得到家庭的充分理解,形成共同的价值观,并产生积极的意义。只有这样,教育工作者的实践才有机会获得教育共同体的支持。

第十八章
从教学中学习

正如前述章节所述,高质量的早期学习是教授儿童学习方法的结果。这种教学方式:

- 创建有意义和有目的的学习环境(其中明确关注儿童为不断变化的世界做出贡献所需的重要内容和技能);
- 让儿童参与以兴趣为基础的积极体验,并利用自身的优势加强理解;
- 整合课程,使儿童能够在各种想法之间建立联系;
- 期望并支持每名儿童发展批判性思维、调查和评估想法、尊重他人观点、口头和书面交流以及捍卫自身想法的能力;
- 尊重和响应多样性;
- 通过多种方法评估儿童的学习情况,为指导和支持儿童的学习提供信息;
- 建立一个关注儿童各个方面(社会、情感、身体和认知)的共同体;
- 让家庭有意义地参与学校生活。

从事这种教学并没有唯一的正确方法。那些想做这件事的人必须找到自身通往成功的道路,利用他们的智慧和创造力塑造自身的行为,以回应他们所处环境的特殊性。然而,在实现这一目标的过程中,一个重要的部分是从教学经验本身中学习。这也是提供高质量早期学习环境的一个因素,即教育者将儿童的需求置于课堂生活的中心,建设专业的共同体,培养科学的合作关系,并参与持续性学习。

教学生活就是学习生活

大多数人认为学习是一个通过书本、课堂、教师和同伴来实现的过程。但许多人忽视了教学所能提供的强大的学习经验。这种学习可以通过下述几种方式进行。

确保你真正理解某概念的一个方法是试着把它教授给别人。教学迫使你清晰而准确地表达你的思想。你的想法永远不会比你让别人理解它们的能力更具意义。教学可以帮助你培养一种重要的技能,即将你的想法充分地传达出来,以便他人使用。

从教学中学习的另一种方法是检查和分析教学中涉及的细节(Falk & Blumenreich, 2005, 2012)。有时,正是通过仔细观察个别学习者,我们才能找到适用于所有学习者的方法。例如,通过仔细观察可以发现:达利娅在工作时喜欢自己哼歌;塔尼亚在感觉饿的时候就会捣乱;克里斯托弗工作很努力,但很容易疲倦。这些见解促使教师调整行为,以满足学生的不同需求。此外,仔细观察可以帮助教师了解学习者的真实想法。这可以帮助教师更好地理解儿童,并找到帮助他们学习的方法。我们不应责备儿童"没有学习",而是需要负起责任,了解他们如何思考,他们知道什么,他们学到了什么。在此过程中,我们可能会发现,有些儿童没有理解某个概念所需要的先前经验。然后教师需要利用对儿童的理解来促进他们的学习。教师需要记住,儿童拥有天生的学习动力。仔细倾听,认真观察,消除先入为主的观念或偏见,只有这样,教师才能看到真正发生的事情,也有助于教师帮助儿童取得学习进步。

对我们自身的教学(包括我们的问题、错误或知识的缺乏)进行反思和系统探究的过程,也蕴含了丰富的学习机会。例如:当教师和儿童探讨一个特定的话题或技能时，教师可能会意识到我们需要更多地了解它；或者，当整理时间出现问题时，教师可能会意识到我们需要更多的指导、更少的放任自由；或者，当教师面对一个爱抱怨的儿童时，自我分析可能会让教师明白，他需要学会更有耐心。教师从有效的东西中学习，也从无效的东西中学习。

此外，教师还可以从学生身上了解到一些他以前可能不知道的现实问题——移民的感受、无家可归的感受、使用非英语语言的优势与挑战。在在校期间和儿童待在一起，让教师有机会也有特权看到不同于他们自己的、新的生活和世界。如果教师以一种开放的学习态度对待教学，就能够获得新的理解，从而摆脱先前的假设、陈词滥调和刻板印象。教师可以学会欣赏每个人的独特性和价值，学会尊重他人的优势和挑战，并朝着与人类社会建立更密切的联系的方向前进。

在共同体中与他人一起学习

为保证在教学中持续学习，专业对话、支持和共同体是关键。总的来说，我们需要在合适的学校中找到合适的人选来支持我们从事专业学习：学习如何更好地观察儿童；学习如何去看，去看什么；学习收集、回顾和反思信息；学习与同事协调课程；学习与他人对话、合作和解决问题（Lieberman & Falk，2007）。

我们都需要对话与合作，需要在工作过程中互相讨论所见所思。我们需要提出疑问，找到问题，讨论困境，质疑假设，查询知识，探索我们存在疑问的主题。我们需要彼此的帮助来完善和深化自己的实践。为了做到这一点，我们同样需要反思和获得支持的机会，我们的目标是为儿童持续地创造积极的、有关教和学的知识。

可以通过多种方法实现这一点，包括个人层面和集体层面。就个人而言，教师可以寻求同事、朋友或导师的支持。一起读书，一起解决问题，参观彼此的教室以及校外的教室，都有助于教师的持续成长。全校会议、年级会议、跨年级会议、一对一辅导、学习小组、鱼缸体验（一组教师观看另一名教师授课）、对儿童或作品的描述性评论、课堂小组会议、员工会议、专业会议、研讨会等都可以成为开展这项工作的途径。

在对话与反思的过程中，我们的教学观和教学理念不断发展。作为教师，我们总是需要学习。我们应不断努力超越自己，因为教师的工作永远都不会结束，我们总是在持续进步中。

因此，能在挑战性工作中坚持和保持自我的教师也是反思性实践者，他清楚教学是一个探究的循环，改变需要时间，教学生活最终就是学习生活。

问题即机会

当教师在学校中为儿童提供调查、探究和反思的机会时，儿童就会发现自己的好奇心和创造力。通过这一过程，他们不仅会获得知识与技能，而且会为设定自己的工作目标而感到兴奋，他们在追求自己的兴趣中找到快乐，并且乐于对自己的学习负责。

同理，当教师经历同样的过程时，其想象力会被激发，从而迎接学校中出现的不断变化的问题和挑战。在这些令人困惑的挑战中，重要的是要记住，问题是过程中所固有的，是教学和学习过程中不可避免的一部分。虽然人们很容易将问题视为失败（尤其是对那些正在与问题做斗争的人来说），但向前迈进的关键是接受问题并将其作为学习的机会。正如水要绕过障碍才能前进，人在遇到困难时同样需要找到一条出路才可以继续前行。就这样，一步一个脚印，一定会取得进步。

这段旅程并不容易。但对于所有有勇气和毅力承担并坚持这项艰巨任务的人来说，回报终将到来。那些与你接触的儿童及其家庭均会受益。通过教学，你们有机会培养儿童的思考能力、想象能力、实践能力，以及实现我们未来的可能性的能力。你也许无法见证所有的结果，但你给予儿童的支持力量肯定会留在他们的心中。这样，教学才是真正充满希望的行为。

正是为了这个希望，我完成了本书。希望我们的教师和照料者培养出的年轻学生可以使用他们新发现的技能和知识，帮助我们推动人类社会向前发展，为建设一个更加公平公正的世界做出贡献。

这就是我们的使命：

我们播下种子，它终有一天会成长。

我们浇灌已经播种的种子，知道它们蕴藏着未来的希望。我们奠定了需要进一步发展的基础。

我们提供的酵母能产生超出我们能力范围的效果。

我们不可能什么都做；当意识到这一点时，我们有一种解脱的感觉。这使我们能够做一些事情，并且做得很好。

它可能是不完整的，但它是一个开始，是前进道路上的一步……

我们可能永远看不到最终的结果，但这就是建筑大师和工人之间的区别。

我们是工人，不是建筑大师；是牧师，不是救世主。

我们是未来的预言家，而不是我们自己的预言家。

——肯·昂特纳主教的布道书，1979

附录
教学描述方法

第六章、第八章、第九章、第十一章和第十六章对教学的描述来自儿童发展基金会在2015—2018年开展的一项高质量早期学习研究。选择这些教师参加该研究考虑了他们在文化、种族和社会经济多元化的公立学校任教这一事实。这些公立学校中有相当比例的学生是双语学习者，他们有特殊需求且通常来自低收入家庭。由于这些教师展现了具有发展适宜性的/文化回应性的教学实践活动，因此，他们受到其他教育工作者和教育领导人的推荐（Copple & Bredekamp，2009；Ladson-Billings，2006）。

扎根理论方法（Glaser & Strauss，1967）被用来分析收集到的数据。对田野笔记、访谈记录、视频和文本进行归纳和推理以确定主轴编码，通过相关摘录数据的支持以确定主题，识别与其子类别相关的类别，为不确定的证据而再次审查数据。在一名成员与参与观察者核对后，最终完成了分析。数据来源包括：

- 在几个月的时间里，对一个学习单元的课堂观察进行了现场和视频记录。访问8次，每次3~4小时（6个上午，2个下午）。
- 每次访问时都会对教师进行简短的非正式访谈，以了解观察结果的背景，并澄清相关问题。
- 在研究结束时对教师进行45分钟的半结构化访谈，为教师观点以及影响其教学的组织结构和政策提供证据。
- 教师的课程计划、笔记、评估及给家庭的信件，可以表露出教师对其计划和思考的见解。
- 儿童学习过程中的作品样本能够反映其学习质量。

参考文献

Adams, M. J. (1998). The three-cueing system. In F. Lehr & J. Osborn (Eds.), *Literacy for all issues in teaching and learning* (pp. 73–99). New York, NY: Guilford Press.

Adams, M. J., Foorman, B. R., Lundberg, I., & Beeler, T. (1998). The elusive phoneme: Why phonemic awareness is so important and how to help children develop it. *American Educator, 22*(1–2), 18–29.

Akers, E. (2014). *Five ways to keep it developmentally appropriate—Part I*.

American Academy of Pediatrics. (2013). The crucial role of recess in school. *Pediatrics, 131*(1).

Atwell, N. (1989). *Coming to know: Writing to learn in the intermediate grades*. Portsmouth, NH: Heinemann.

Au, K., & Jordan, C. (1981). Teaching reading to Hawaiian children: Finding a culturally appropriate solution. In H. Tureba, G. Guthrie, & K. Au (Eds.), *Culture and the bilingual classroom: Studies in classroom ethnography* (pp. 139–152). Rowley, MA: Newbury House.

Ballenger, C. (1998). *Teaching other people's children: Literacy and learning in a bilingual classroom*. New York, NY: Teachers College Press.

Banks, J. (2006). *Race, culture, and education: The selected works of James A. Banks*. London & New York, NY: Routledge.

---

[1] 为了环保，也为了节省您的购书开支，本书参考文献不在此一一列出。如果您需要完整的参考文献，请通过电子邮箱1012305542@qq.com联系下载，或者登录www.wqedu.下载。您在下载中遇到问题，可拨打010-65181109咨询。

Barnett, W. S. (1995). Long-term effects of early childhood programs on cognitive and school outcomes. *Future of Children, 5*(3), 25–50.

Bassok, D., Latham, S., & Rorem, A. (2016, January 6). Is kindergarten the new first grade? *AERA Open.*

Berger, K. (2008). *The developing person through childhood and adolescence* (8th ed.). New York, NY: Worth Publishers.

Bodrova, E., & Leong, D. J. (2007). *Tools of the mind: The Vygotskian approach to early childhood education* (2nd ed.). New York, NY: Pearson.

Bowman, B. T., Donovan, M. S., & Burns, M. S. (Eds.). (2001). *Eager to learn: Educating our preschoolers.* Washington, DC: National Academy Press.

Bransford, J. D., Brown, A. L., & Cocking, R. R. (Eds.). (2000). *How people learn: Brain, mind, experience, and school.* Washington, DC: National Academy of Sciences.

Brophy, J. E. (2013). *Motivating students to learn.* New York, NY: Routledge.

Brown, A. L., & Campione, J. C. (1996). Psychological theory and the design of innovative learning environments: On procedures, principles, and systems. In L. Schauble & R. Glaser (Eds.), *Innovations in learning: New environments for education* (pp. 289–325). Mahwah, NJ: Erlbaum.

Brown, A. L., & Reeve, R. A. (1987). Bandwiths of competence: The role of supportive contexts in learning and development. In L. S. Liben (Ed.), *The Jean Piaget Symposium series. Development and learning: Conflict or congruence?* (pp. 173–223). Hillsdale, NJ: Lawrence Erlbaum Associates.